「中国精神」我们的故事

沙漠著绿
——王文彪治沙团队的故事

李炳银 主编
唐 哲 著

希望出版社

中国精神出版项目编写委员会
（排名不分先后，以姓氏笔画为序）

王 琦	田俊萍	纪红建	江胜信
许 晨	张 平	沙志亮	李炳银
余 艳	武志娟	孟绍勇	赵 雁
郝敬堂	唐 哲	韩海燕	谢琛香

2016年5月17日,王文彪到亿利东方学校,向学校捐赠图书,并看望在这里读书的农牧民子弟。

人生有三位伟大母亲
第一是生身母亲要孝顺
第二是祖国母亲要报效
第三是大地母亲要保护

王文彭

出版前言

古人云："童蒙养正，少年养志，壮年养德。"人的一生中，青少年时期正是选择人生目标和树立远大志向的关键时期。然而，"未来要成为什么样的人""未来要过什么样的人生"，对青少年来说，可真不容易说清楚。在他们的成长过程中，如果能看到、听到或者了解到一些优秀人物的人生经历，并能以他人为榜样树立正确的世界观、人生观和价值观，那无疑会是开阔胸襟、拓宽视野、丰润生命的很好途径。

"中国精神·我们的故事"这套丛书，正是专为青少年创作出版的一套讲述中国故事、展示中国智慧、弘扬中国精神的优秀励志读物。我们甄选出当下中国鼓舞人心、提振国威的一些重大题材，并邀请作家深入一线亲自采访，把那些为了祖国伟大事业而无怨无悔付出的优秀人物的感人经历，用精彩的情节和细腻的描写呈现出来。虽然每个人物身份不同，所从事的事业也不同，然而，无一例外地在他们身上集中体现出了这样的特点：

他们是典型生动的当代人物；
他们拥有非同一般的毅力和热忱笃定的坚守；
他们各有所长且卓有建树；
他们的故事，让我们由衷感受到中国精神的力量。

中国精神，意在阐述当代中国人深沉热烈的爱国精神和与时俱进的改革创新精神。中国精神，让世界上其他国家看到了中国智慧、中国道路、中国力量的强劲内驱力。对青少年来说，学习这种精神，就是要少年立志，长大后争做爱国、敬业、诚信、友善的新一代公民，为中华民族的伟大复兴而努力付出！

/ 人
/ 物
/ 介
/ 绍

黄河从我国的内蒙古流过，像一个大写的"几"字。库布其沙漠就处在"几"字形黄河内侧的顶部，是中国的第七大沙漠。这里曾被称作"死亡之海"。

20多年前，年轻的王文彪走进沙漠腹地，从"五块钱治沙"开始，历时三年修建第一条穿沙公路，沿着黄河南岸种植了240多公里防风固沙锁边林……

从一棵树、一株草做起，凭借双手和智慧，他带领人们把寸草不生的荒漠变成生机盎然、湖光旖旎的绿洲。绿化面积6000多平方公里，相当于8个新加坡。他在北国边疆构筑起一道绿色长城。

"向沙要绿、向天要雨、向光要电、变沙为宝"，王文彪带领团队走出了一条绿色发展之路,创造出中国的大漠奇迹。2001年,他获得全国"五一劳动奖章",2012年又荣获联合国"环境与发展奖",2013年被联合国授予首届"全球治沙领导者奖",2016年又获得"全国脱贫攻坚奖"。

坚守梦想28年,终于成就一部传奇。

目 录

第 一 章　英雄莫问出处 ·· 1
　　　　　消失的朔方古城 ······································ 3
　　　　　童年的沙拌饭 ··· 8

第 二 章　家世与家风 ·· 17
　　　　　"孝"字代代传 ······································· 19
　　　　　严父"孝经" ··· 23

第 三 章　第一个吃螃蟹的人 ····································· 27
　　　　　时代的选择 ··· 29
　　　　　鸿鹄之志 ··· 32

第 四 章　千里之行，始于足下 ·································· 37
　　　　　下马威 ··· 39
　　　　　五块钱治沙 ·· 43

第 五 章	一条生命之路	49
	书记的体验	51
	第一条穿沙公路	55
	事在人为	61
第 六 章	沙漠经济学	65
	梁外甘草	67
	寻找机遇	70
第 七 章	为黄河织一条绿飘带	73
	执拗的骆驼	75
	人生格局	79
第 八 章	慧眼识珠	85
	古老传说	87
	新的传说	90
第 九 章	胡杨精神	95
	凶险的遭遇	97
	精神的力量	104
第 十 章	不忘初心	109
	"有点甜!"	111
	告别老盐场	116
	让沙漠变成金窝窝	119

第十一章	科学的途径	123
	水冲造林	125
	实践出真知	131
	沙漠里走出个科学家	136
第十二章	不是一个人在战斗	141
	沙漠中的一只虎	143
	有绿色就有希望	146
	细节决定成败	151
	前仆后继	155
第十三章	守住底线	157
	出离愤怒	159
	底线	162
第十四章	牧民新村	167
	种树到家	169
	业余设计师	174
	家乡的事也要做	177
第十五章	天堑变通途	183
	往事并不如烟	185
	亿利黄河大桥	190

第十六章	十年树木，百年树人	195
	家乡的孩子们	197
	夙愿成真	200
第十七章	和谐共生	205
	仙鹤归来	207
	格桑花开	211
	师法自然	217
第十八章	功夫在诗外	219
	坚持读书	221
	读书和实践	224
	学海无涯	227
第十九章	报效祖国	229
	攻克苦咸水	231
	构筑绿色长城	236
	治沙扶贫在路上	239
第二十章	为人类破题	243
	向希拉里·克林顿推销	245
	二十年后的邀请	247
	巴黎气候大会	249
	国际沙漠论坛	252

第一章 英雄莫问出处

种一棵树不难,种一天树不难,种一年树也不难,但如果说种二三十年树,种几千平方公里树……一般人做不到,他做到了!

质朴,勤奋,不屈,坚持,坚守,对命运的顽强抗争!

他是谁?来自哪里?他都做了什么?

是什么力量支撑他一路走来,还要坚持一路走下去?

消失的朔方古城

敕勒川,阴山下。天似穹庐,笼盖四野。
天苍苍,野茫茫,风吹草低见牛羊。

这是一首妇孺皆知的北朝民歌。歌辞大气磅礴,粗犷雄放,寥寥二十余字,展现出北方草原辽阔壮丽的风光,以及古代农牧民自由富饶的生活图景。

库布其,位于阴山山脉南麓,曾经森林茂密、水草丰美、绿草茵茵、牛羊成群,极目远望,天野相接,生机勃勃,富饶而美丽。三千年前的西周时期,库布其草原上就出现了朔方古城,那是我国古代最早、最大的北方城池。

《诗经·小雅·出车》记载:

中国精神 我们的故事
——沙漠著绿 王文彪治沙团队的故事

王命南仲,往城于方。出车彭彭,旂旐央央。
天子命我,城彼朔方。赫赫南仲,猃狁于襄。

天子授命南仲,去往北方筑城。征车浩浩荡荡,战旗迎风飘扬。天子授命于我,筑城池于朔方。南仲威风凛凛,战胜北方猃狁。由此可以推断,朔方古城是由周朝大将南仲率众修建的。南仲为周宣王时的大将,是西周王室派出把守东大门并镇守中原的重臣。

公元前827年周宣王姬静继位时,西周王室衰微,内政不修,北方的猃狁、西方的戎人强大,对周朝形成进攻的态势。周宣王在召公、周公的辅佐下,"修政,法文、武、成、康之遗风,诸侯复宗周"。国势稍振的周宣王,命南仲、尹吉甫率师北伐猃狁。

南仲、尹吉甫北伐猃狁取得了重大胜利,南仲遂受命筑城朔方。周宣王在位时间为公元前827年—前781年,共46年,朔方古城即修建于这一时期。虽然保留的时间并不太长，但是，朔方古城却第一次改变了以往中原王朝与北方草原部族在战争中"打完就走"（不论胜负）的惯例，开创了筑城驻军守卫的先河。

朔方郡设置于西汉武帝时期。公元前127年（元朔二年），汉武帝派遣卫青、李息率兵出击匈奴，收复了河套以南原秦王朝的辖地，并在阴山以南的河谷地带设置了朔方郡和五原郡。第二年，武帝又派遣校尉苏建率领十余万人，兴筑阴山南麓的长城，筑朔方郡治及下属县城。

公元前110年（元封元年），汉武帝出巡北边，经上郡、西河、五原，出长城北，至朔方郡，抵达黄河的北河一带。公元前107年（元封四年），派遣拔胡将军郭昌屯垦朔方，募集十万人口徙居朔方。由守卫边境的士卒屯田和内地移民戍边，既保证新置郡县有重兵驻守，以备随时应战，又避免远途运输且就地解决军需口粮。因此，朔方郡一带出现了有史以来的大规模的农业垦殖。

然而，时光荏苒，草原在过度开垦和放牧中越来越退化。黄河大决口时，奔腾的黄河水冲毁了朔方郡的城墙、

沙漠著绿
——王文彪治沙团队的故事

房屋，裹挟而来的泥沙淹没了繁华的古城。两百多年前，中国封建社会最后一个王朝——清王朝在库布其平息叛乱，连年征战加上无节制的放垦开荒，加重了土地的荒漠化，大片良田变成荒漠。繁华胜景，终究湮灭在漫漫黄沙之中。

从地图上看，现在中国的版图，形似一只大公鸡。在"公鸡"头颈和背部有一个地方——内蒙古，这里生活着汉族和蒙古族，还有朝鲜、回、满、达斡尔、鄂温克、鄂伦春等民族。黄河从内蒙古流过，俯瞰这段黄河，就像一位书法大家用毛笔写下一个飘逸的"几"字。在"几"字的内部，有一大片沙漠，这就是库布其沙漠。

库布其沙漠，东西长300多公里，南北宽60多公里，总面积约1.86万平方公里。20多年前，库布其已经变成了不毛之地。当地流传"沙里人苦，沙里人累，满天风沙无植被；库布其穷，库布其苦，库布其孩子无书读；沙漠里进，沙漠里出，没水、没电、没出路"的民谣。一年一场风，从春刮到冬。当时的库布其，降雨稀少，沙尘暴肆虐,生活在这里的十几万老百姓常年饱受风沙之苦。

一方水土养一方人。

山清水秀,人杰地灵,并非人人都能有此幸运。

贫瘠荒凉的沙漠,一样哺育着中华儿女。

祖国正北方的库布其,是王文彪的家乡。

童年的沙拌饭

小男孩蹲在地上,专注地盯着面前的一株小草。

那是一株刚刚发芽吐绿的小草。嫩绿的新芽,一抹青色在淡黄色沙地的衬托下,格外娇小柔弱。

"小草有什么好看的?你蹲了那么久!"母亲说。

"小草会长,还会有'兄弟姐妹',长啊长啊,沙漠里就到处都是小草了。"

"傻孩子,沙漠里怎么会长出那么多草呢?风一吹,沙子就把它们吞没了。"母亲拉起小男孩,"回家吧,妈妈今天做了你最爱吃的饭!"

他们的身后,是一望无际的沙漠。那株初生的孤零零的小草,很快被埋在淡黄的沙漠里……

在库布其沙漠南沿,距离黄河南岸不到5公里的地方,有一个杭锦淖尔村。这里地势低凹,村庄四周是成片的盐碱地,相较于贫瘠荒凉的沙漠,还勉强能种些玉米、小麦、向日葵等。远远望去,一层稀薄的绿色,就是庄户人赖以为生的全部希望。

王文彪就出生在这个普通的村落。

母亲端上来一碗热腾腾的糙米粥。虽然没一丝荤腥,仅几片野菜,但大米的浓香令人垂涎。平常日子,王文彪家只能靠玉米、高粱勉强维持生计。这碗糙米粥,已经非常难得了。

王文彪大口大口吃着,突然有点牙碜。

吐出来,是一粒沙。

他继续埋头大吃,很快见到碗底,这才发现落着一层细细的沙子。

并不是母亲粗心大意,让沙子混进米粒的队伍。粥里有沙,面条里有沙,菜里有沙,对生活在沙漠边缘的人来说,一点都不稀罕,大家都习惯地戏称这叫"沙拌饭"。

沙漠著绿
——王文彪治沙团队的故事

贫苦的农牧民不缺少幽默细胞，他们也会苦中作乐。

沙无味，碜牙，沙却无处不在。

米粒香，沁心，米却无地可种。

沙漠里长不出草，更长不出庄稼。

沙漠滋生贫困与绝望。

一天，邻居家炖鸡肉，肉香四溢。正在玩耍的王文彪，像猫嗅到了鱼的味道，闻香而来，站在邻居家的院里，久久不愿离开。

那年月，大家都很穷，根本吃不上牛羊肉，炖只鸡也很稀罕。

"走，回家妈给你做好吃的。"母亲来拉他。

"我现在就想吃！"

母亲好说歹说，王文彪仍不愿走。

母亲有些尴尬，伏在王文彪耳畔小声说："别人家的东西，咱不能吃！"

"我闻一闻，没吃！"

"孩子，咱人穷志不能短！"

母亲强忍眼泪,狠心地把他从邻居家的院里拽出来。

沙,是王文彪童年印象最深的东西。

从有记忆开始,沙子就和他朝夕相伴了。

睁开眼睛,面前是沙;闭上眼睛,梦里是沙。衣服褶子里总藏着沙,轻轻一弹,扑簌簌地往下掉,更别说吃饭时那碗底的沙了。每天开了门出去,基本上全是沙尘,人人都灰头土脸。在那时的库布其,沙是最重要的组成部分。风起时,一张嘴就会被灌一嘴沙,"咯咯"往外吐,眼泪也会被呛出来。

有一次,王文彪一觉醒来,发现家门口被厚厚的沙堵住了。父亲和母亲费了很大劲,才把门打开。

"妈妈,这么多沙从哪里来的?"

母亲说:"从天边刮来的。传说有一个脾气暴虐、喜怒无常的沙魔王,他发怒时吹一口气,就能把沙吹得铺天盖地,满世界都是。"

"为什么不把沙魔王赶跑?让它滚得远远的,永远离开我们!"

母亲摸了摸王文彪的脑袋:"等你长大后,有了本事,就赶跑它。"

王文彪对沙漠充满了好奇。

一天早上,他独自向沙漠深处走去。走了很久,一阵风起,沙粒"嗖嗖"作响,他驻足回头,发现自己踩在沙上的脚印不见了,周围全是金黄色的沙漠。家在哪里呢?王文彪迷路了,在沙漠里拼命地走啊走啊,却怎么也走不到沙漠的尽头。

父亲和母亲急得到处找。

村子周围都找遍了,还是不见他的身影。母亲猜想,儿子可能是进了沙漠。她一边跌跌跄跄前行,一边扯着嗓子大声呼唤。

天渐渐黑下来,库布其沙漠的夜空,繁星点点。

王文彪饥肠辘辘,口渴难耐。他仰望着天上的银河,渴望能滴下几滴水来,润润自己干裂的嘴唇。他头脑昏沉,双腿发软……

这时候,远处传来了母亲的呼唤。

到了上学的年纪,父亲和母亲吃棒子面,给王文彪蒸个馒头装进书包。坐在简陋的教室里,同学们一个个灰头土脸。

外面狂风大作,沙尘漫天,大家已经习惯了。

王文彪很珍惜上学的机会,那是母亲拿卖鸡蛋的钱换来的。上学需要钱,买本、买铅笔……家里养了一头猪,留到过年也舍不得吃,拿出去卖掉换成钞票。父亲和母亲就这样省吃俭用,供他们兄弟上学。

王文彪想认真听课,可肚子里却总发出"咕噜咕噜"的声音……那时候,他经常饿得头晕眼花,几近虚脱。

同村的一位小伙伴打趣说:"鸡吃沙粒,沙粒留在胃里,帮助消化食物!我们也有胃,啥都能吃进去、消化掉。"

童年总是快乐的。

沙漠里有"沙和尚",静时一动不动,可用手轻轻一碰,它就会迅疾消失。

干净的沙子,哪怕在身上落得再多,拍一拍就全掉了。

夏天光着脚丫在沙子上行走,热乎乎的,柔柔软软的,像大地母亲的手掌。

沙不会冻结,即便在寒冬,它们依然谁也不黏谁,踩上去,脚会深深地陷入……

虽然贫寒,父亲和母亲撑起的这个家,满是温馨。

沐浴着库布其的风沙,王文彪像一棵倔强的、生命力顽强的小树,无忧无虑地成长着。

英雄莫问出处。

每个人都无法选择自己的出生地,更无法选择生身父母。

王文彪从小生活在沙漠,是地道的农民子弟,没有位居高官的父母,没有富有殷实的家境。小时候的苦难,不一定全是坏事。小学教室里挂的那幅字联"梅花香自苦寒来",一直记在王文彪的脑海里。儿时的磨炼,对他的人生起到了很重要的作用。

穷人的孩子早当家,只要不自卑、不盲从,脚踏实地努力奋斗，谁说不可以做出一番惊天动地的大事业呢？

王文彪曾在日记中写道：

"靠山吃山，靠水吃水。靠沙漠吃什么？山上有果有兽，可以果腹；水中的鱼，可以填饱肚子。沙漠里靠什么，才可以解决温饱问题呢？沙拌饭让我尝到祖祖辈辈生活的滋味。"

在王文彪懵懂的心里，萌生出这样的梦想：

什么时候能从沙漠中造出一条路来，让沙漠里的人都能看到外面的世界？什么时候这里不再天天有沙尘暴，人们能过上顿顿吃肉的好日子？

第二章 家世与家风

善德乃立世之本。

中国是讲究善与德的国度，百善孝为先，善行天下。《孝经》开篇中提到："夫孝，德之本也，教之所由生也。"

孝道是道德的源头根本，家风的养成就应该由孝道开始。

"孝"字代代传

王文彪家世世代代都是农民。

他的祖父和祖母在清朝末年走西口，从陕西府谷挑箩担筐逃难到现在的杭锦旗塔拉沟。他的父亲，就出生在这个地方。因为家里贫困，父亲从小给人放羊、放牛，打短工。

1957年，王文彪的父母和五爹五妈，背着摔断腿的奶奶，迁到杭锦旗杭锦淖尔村，第二次安家落户。在"三年困难时期"，父亲咬紧牙关，想方设法让全家活了下来。"文革"中，父亲忍辱负重，艰辛劳作，勒紧裤带拉扯王文彪兄弟仨。改革开放后，兄弟仨都参加了工作，父亲肩上的担子才减轻了一些。

中国精神——我们的故事

沙漠著绿——王文彪治沙团队的故事

王文彪的父亲，是乡里远近闻名的孝子。奶奶62岁时跌坏了腿，每逢出门看戏、看电影，父亲都会背着奶奶去。直到奶奶83岁辞世，父亲整整背了22年。

王文彪5岁那年的一个秋夜，黄河突然决口，洪水泛滥。情急之下，父亲背起奶奶拔腿就跑。天又黑又冷，路被水淹，身后又是滚滚而来的洪水，父亲背着奶奶一口气跑到十几里外的沙漠高地，气息还没有喘匀，又跑回村里解救妻儿。

王文彪的父亲还是一位有知识、有文化的农民，一生崇礼重教。为了供养三个孩子读书，他节衣缩食，日夜操劳，耗尽心血，盼望的就是他们能够学业有成，摆脱苦困，有所作为。

王文彪的母亲，出身大户人家，自小受过良好的家庭教育。嫁到王家后，与王文彪的父亲同甘共苦地撑起这个家。母亲既要含辛茹苦看护三个孩子，又要和妯娌一起伺候瘫痪在床的婆婆，每天给婆婆梳头，用温水擦手洗脸。天气晴好、无风无沙的时候，她还背着婆婆出门晒太阳。

她任劳任怨地护理婆婆，一晃就是十几年。

年少的王文彪一度憎恨沙漠，憎恨这种沙尘肆虐的灰暗日子。

他奇怪母亲过着这样的苦日子，为什么还那么乐观？那个时候，哪怕没钱买新衣，母亲也会把旧衣服洗得干干净净，让孩子们穿得整整齐齐。

母亲说："生在这苦地方，就要学会过苦日子，学会吃苦。"

母亲是对王文彪影响最大的人。

在母亲照顾奶奶的漫长岁月里，王文彪逐渐理解了什么是"孝"和"责任"，什么叫坚持不懈、持之以恒。

"'好'字好写，但是不好做。"

"厚道做人就是做好人，做老实人。"

母亲的教导，王文彪牢记在心。

苦难日子里母亲的豁达和乐观，潜移默化地影响着他：健康、阳光、与人为善、诚实、厚道、坚守……

像父母一样，王文彪也是一位孝子。每逢人生重大抉择，他都会先征求母亲的意见。而且，他很早就开始以实际行动孝顺长辈了。

1978年王文彪高中毕业，成为一名民办教师。他一边教学，一边思谋着为家里做些事情。

父母住的是土坯房，四处漏风。外面刮风，家里到处都是沙。王文彪利用每天早上和下午放学的空闲时间托泥坯。经过四个多月的努力，泥坯终于托够了。接下来就是打地基、盖房子，又经过差不多一年的时间，新居终于建成了。

王文彪骄傲地告诉父亲和母亲："这是我孝敬你们的第一份礼物。"

严父『孝经』

人要成事，必要有德；孝为德本，人而失本，一事无成。王文彪出身贫寒，他的家只是万千普通中国家庭之一。然而，父亲母亲的人格魅力和高尚的道德情操，依然深深影响到了王文彪兄弟以及他们的子女。

王文彪治理沙漠，母亲总是为他担惊受怕。为了安慰母亲，他专门请母亲到沙漠里参观。看到祖祖辈辈生活过的沙漠变成了漂亮的绿洲，母亲脸上露出宽慰的笑容。

"母亲的笑，是对我最大的奖赏！"

成家之后，王文彪给他的两个孩子定下很多规矩：吃饭不许说话；与长辈说话不能大声；见人要主动问好；必须按规定时间回家……

在女儿雅韬眼中,王文彪说得最多的一句话是:

"先做人后做事,把人做好了再说事怎么做。"

更多时候,王文彪只做不说。

"身教比言传更重要,你给他树立榜样,比什么都重要。"

亿利总部搬到北京后,他把年迈的母亲接到了北京。即使工作再忙,他每周必定有一个晚上陪母亲吃饭。

这一切,王文彪的两个孩子都看在眼里,记在心上。

父亲和母亲的言传身教,王文彪像传家宝一样传下去,他对子女的教育更为严格。

"我们从小哪用得上棍棒,语气稍微重点都会哭,就受不了了。"

王文彪对子女的教育是"放而不放"。

儿子去英国留学,王文彪没有到机场送过,也从来没去英国看望。他每年只给儿子学费和基本生活费,其他花销让儿子自己想办法。女儿雅韬则由他的弟弟王文治监管,让她很俭朴地求学。

"你上你的学,我不会天天管你,因为我不是你的老师。"

"你们不要光想沾我的光。毕业以后,你们应该以学立业,自主创业。"

王文彪对子女的教育,有很多人看不下去,甚至质疑他的这种做法,但王文彪却说:"让孩子不依赖父母,自力更生,才能尽其所能地为国家工作。"

中国人历来注重家风。家风是一种无言的教育,润物无声地滋养孩子的心灵。家长都希望孩子健康成长,但有的家长不知道怎么教育孩子,家风教育可以说是一个很好的途径。

"我从来没有把父母带给我的诚实、善良、正直这些品质丢掉,正是这些优秀品质让我在后来的人生道路中少做错事,少走弯路!"

王文彪这样感叹。

不能说父母是在刻意教导他,或许,中华民族悠久的传统文化就是在言传身教里一代代传下去的。

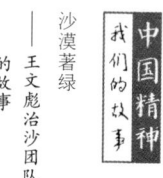

21岁时,王文彪尽己所能,为父母建了一处躲风避雨的房屋。

"小我"的梦想可以如此实现,他的心灵暂时获得宽慰与满足。

然而,沙漠里那一株刚刚发芽吐绿的小草,一抹柔弱的淡青色,却始终印在他的脑海里,无法抹去。

人生起始处,他的路该如何走?

第三章

第一个吃螃蟹的人

张良拾履，才得下邳老人的《太公兵法》；刘备三顾茅庐，始有诸葛亮的辅佐得以三分天下……得遇高人，加上自身努力，一些人可以成就大业。然而，绝大部分人很难有这样的幸运。人生路上，往往只能靠自己摸索奋进。

　　对于29岁的王文彪来说，理想很丰满，现实很骨感。

　　他迫切需要一个可以展示自己才能的新天地。

　　为此，他选择进入沙漠腹地。

时代的选择

教书生涯并不能满足年轻的王文彪对生活的追求。

他渴望通过知识改变自己的命运。

1981年,王文彪以民办老师的身份,考入当地一家师范学校。重入校门,他格外珍惜这来之不易的机会,常常清晨4点钟就起床学习,每门功课都学得很扎实。

毕业之后,同学们都面临两个选择。第一,进公、检部门。戴大檐帽,穿制服,多神气!有的同学去了检察院,有的同学去了公安局。第二,当老师。1984年毕业后,王文彪被分配到家乡杭锦旗第一中学任团委书记兼教师。

在同龄人眼中,出身沙漠的王文彪还是很幸运的。

风吹不着，雨淋不着，沙打不着，每天和孩子们在一起，轻轻松松就把钱赚了。接下来的工作，更令人羡慕。1986年，王文彪被选调到杭锦旗人民政府当秘书。因为工作表现突出，不久后他又被提拔为旗政府办公室副主任。

当时，这可是个掌握实权的职位。王文彪骑着自行车神气地穿过锡尼镇的大街，人们都用羡慕的眼神看过来。在乡亲们眼中，年轻的他已经走上了平坦仕途，将来肯定是要做大官的。

但王文彪仍不满足。

他渴望掌握自己的命运，但此时他别无选择，只能听由他人的安排。这或许让他比任何人都深刻地领悟到选择的重要性！

旺盛的精力，充满活力的青春，怀揣的一腔热血，使他倍加渴望找到一个人生突破口。

1988年，改革的春风吹遍大江南北，也吹进鄂尔多斯高原。旗政府决定对处于亏损状态的杭锦旗盐场进行改革，用竞选承包方式来选任厂长。

机会来了。

王文彪主动请缨。

旗长问:"说心里话,为什么要去?"

"就是想实实在在干点事。"

"难道在旗里就不能做事了吗?"

"我想下去接接地气,锻炼锻炼。"

"那是个兔子都不拉屎的地方。不要冲动,你回去再好好想一想。"

"我已经想好了。"王文彪态度坚定。

鸿鹄之志

王文彪遇到的第一个大阻力来自母亲。

"咱老王家祖祖辈辈就出了你一个国家干部,应该知足了。好不容易有了稳定的生活,怎么能轻易放弃呢?你是不知道,你在旗里工作,全村人都羡慕哩!"

母亲语重心长地劝他。

"我还年轻,想做一点事。"

"在旗里就不能做事了?放着好好的干部不当,放着'铁饭碗'不要,你想折腾什么?"母亲的口气中明显带有责难,她在为儿子担忧,"你想过没有,雅韬才3岁,留下她们母女在家怎么过日子?"

从小就很听母亲话的王文彪，有些犹豫了，他不想惹母亲生气。母亲的话不无道理，他从来没在企业干过，万一干不好怎么办？自己去沙漠腹地工作，以后恐怕就更没时间照顾妻子和年幼的孩子了。

那天晚上，王文彪做了一个奇怪的梦。

他坐着一列火车驶进沙漠，火车上除了自己，别无他人。

来到沙漠腹地的盐场，火车停了下来。

蓦然回头，他发现只有火车头，铁路和整个车身都不见了。

王文彪把这个梦告诉母亲。

深知儿子的倔强，面对他的坚持，通情达理的母亲无奈地叹了口气："自己的事情自己做主，想去就去吧！"

虽然不再明确反对，母亲目光里却写满了担忧。

王文彪懂得那目光，他不敢直视。

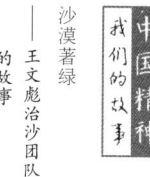

一些同事、同学和朋友也来劝阻："放着好好的仕途不走,偏要去沙窝里自讨苦吃。你脑子有毛病啊?"

"我在办公室,对接的就是旗里的整个工业系统,对盐场还算熟悉。"

有人冷嘲热讽说:"这叫'恐龙蛋换咸鸭蛋,整个一个傻瓜蛋'!"

王文彪心里的回答是——燕雀安知鸿鹄之志。

1988年5月8日,王文彪踏上去盐场的征途。

这一天,大西洋彼岸的弗朗索瓦·密特朗在法国总统选举中卫冕成功,当选为法兰西第五共和国的第六任总统。

1988年,中国的改革开放已进行了近十年。44岁的柳传志创立公司(联想前身)已经4年,这年他在香港建立香港联想。时任山东永新实业公司总经理、已工作14年的朱新礼,到山东经济管理干部学院脱产进修,4年后又辞职下海,创立汇源。这一年,马云去杭州电子工业学院教外语,西湖边的第一个英语角就是马云发起的……

从前途锦绣、生活安逸的机关事业单位,到一家朝不保夕、面临破产的沙漠盐场,是一个艰难的选择。王文彪自己也做过激烈的思想斗争。

著名作家路遥的《平凡的世界》,曾一度风靡全国。王文彪与书中塑造的孙少平年纪相仿。路遥在书中这样剖析孙少平:

"他在我们的时代属于这样的青年:有文化,出身贫寒;另一方面,又不甘心把自己局限在狭小的生活天地里。因此,他们往往带着一种悲壮的激情,在一条最为艰难的道路上进行人生的搏斗。"

他们在相同的年代,经历着或多或少相同的命运。时代给了他们难以言说的磨难,也给了他们机会。

不知不觉,王文彪已经站在时代的潮头。

此时,王文彪的梦想是要做一番实实在在的事业。当然,和童年和少年时代一样,他无时无刻不在面对沙漠。

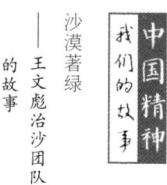

沙漠著绿
——王文彪治沙团队的故事

沙尘暴三天两头袭击他的家乡,笼罩在父老乡亲的头顶。他置身其中,却依然无能为力。

人生是什么?如何让自己的人生更有意义?

第四章 千里之行,始于足下

"道虽迩，不行不至；事虽小，不为不成。"

我们常常看不起眼前的小事，一味空谈做大事。

要想治理沙漠，就必须从种下第一株小草、第一棵树开始。

王文彪意识到，必须种草种树，用植被保护盐场不被侵袭，少受沙尘暴的干扰。

这就是"五块钱治沙"的意义。

下马威

一辆212吉普车从县城出发,向库布其沙漠腹地行驶。

太阳从地平线上跃起,天地尽头,金色的沙粒仿佛正在熔化,形成一条腾空的火龙。

越野车上坐着四个人:一位司机;一位刨沙人;一位模样像领导年纪大一些的人;还有一位年轻人,他就是王文彪。

新的一天,阳光,空气,一草、一木、一沙都是崭新的。

王文彪带着几件衣服和一箱书,到60公里外的盐场走马上任。

旗长亲自送王文彪。他知道,等待这个小伙子的不是安逸的办公室,而是难以想象的沙漠战场。

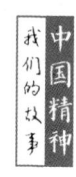

沙漠著绿
——王文彪治沙团队的故事

"你去盐场很多同事都不看好,我耳朵里也传来些风言风语。人家说,要不了三年,你就得灰溜溜回来。还有人说,不超过三个月,你就哭着喊着要回来!"

"嘴长在别人身上,他们怎么说我管不了。"

"当年我也像你一样年轻气盛,不撞得头破血流不回头。"旗长语气中没有责难,还多出几分欣赏,"说说,你对盐场情况了解多少?"

"我有一些心理准备……"

越野车驶入沙漠,面前是一望无际的荒沙梁。一阵风刮来,沙粒打在车窗玻璃上,噼里啪啦作响。

旗长问:"你以前有没有进过沙漠腹地?"

"还真没,母亲不让进,说里面有狼。"

沙漠根本就没有路,吉普车在沙上面驶过,留下几道深深的车轮印。同行的刨沙人,随身携带着铁锹。遇到沙丘堵路,刨沙人下车铲平沙丘后,车才能继续走。

盐场距离旗政府所在地,全长直线距离为40公里。普通公路不到一个小时就到了,那天他们走走停停,用了三个多小时。在沙梁间分布着的内陆小湖,俗称"海子"。一行四人终于看到了白花花的盐海子,看到了盐场的大门。一群职工正等在那里,准备欢迎他们的新厂长。

王文彪露出笑脸,为了这一刻,他已经等了很久。

车把自己送到盐场大门前,久候在那里的职工列队鼓掌欢迎。他在旗长陪同下潇洒地走下车,镇定自信,面带微笑,给盐场员工留下良好的印象。职工们纷纷拥过来和他紧紧握手,簇拥着他走进盐场……

然而,现实和想象中的不一样。吉普车刚进厂部院子,就被一两米厚的沙子捂住,抛锚了。

沙漠可不会和王文彪客气,先给了他一个下马威。

王文彪脑袋嗡的一声,鬓角开始冒汗。

职工们跑过来,顾不上和新厂长打招呼,又是铲沙子,又是推车,齐心协力把吉普车从沙窝里推出来。

一排简易的办公室,十室九空。没有机器的轰鸣,没

中国精神 我们的故事

沙漠著绿
——王文彪治沙团队的故事

有鼎沸的人声,有的只是随风飞扬的沙尘,还有路边的几株野草。

在盐场简陋的会议室里,旗长郑重介绍:"这位就是你们的新领导王文彪同志。"

会议室响起稀稀落落的掌声。

把一个快要关停的企业,交给这个嘴上没毛的大小伙,能行吗?

王文彪从人们的眼中看到了疑惑,甚至还有质疑。

会议室外,职工们也在私下议论。

"新厂长一来就被沙捂住,不是什么好兆头。瞧着吧,他干不长。"

"或许,这是沙漠想留住他,让他带着大伙奔个好前程。"

……

临别,旗长给王文彪打气:"只管放心吧,档案留在旗里,待遇留在旗里,等着你三年后回来。"

此时,王文彪除了一腔热血,一无所有。

五块钱治沙

库布其沙漠南缘的锡尼镇，就是当时杭锦旗政府所在地。在库布其沙漠腹地，有一处资源富集的湖泊——哈拉芒奈湖。湖畔有一个小盐场——杭锦旗盐场，这个当时由伊克昭盟（2001年9月28日撤盟建市，设立鄂尔多斯市）杭锦旗开办的小得不能再小的企业，被人称为"手工小作坊"，却供应着内蒙古中西部几十万人吃的盐。此时，盐场生产难以为继，濒临倒闭，有些职工甚至打算卷铺盖走人了。

盐场生产作业很传统，也很艰苦。这里几乎每天都有沙尘暴。如果说王文彪从小伴着吹来的沙子长大，现在则是天天和沙子滚爬在一起。他重新过上比小时候还难以忍受的恶劣生活：风呜呜地刮起沙子，打在脸上像针扎；睁不开眼睛,连张嘴呼吸都是一件困难的事。

信心满满的王文彪走马上任。

坐在破烂的办公室里,向左看是一头毛驴,向右看还是一头毛驴,办公室外面还有大大小小好几头毛驴。他有些懊悔,自己怎么来到这么个鬼地方!

出了办公室不远,有四名工人正在打扑克。对于王文彪的出现,他们甚至带着几分敌意。两个偌大的盐池,没有人好好维护,有些地方已经塌陷。盐湖里蒙着厚厚的沙子,生锈的生产设备也快被沙子埋掉了。

王文彪在盐场转了一圈,觉得此前自己过于乐观,眼前的形势比他想象的要严峻得多。

"咱这里可以说是一张白纸,要什么没什么。"陪在旁边的同事介绍,"盐场目前现实的问题是'四无三缺':无路,无电,无水,无通信;同时缺人才,缺技术,缺资金。特别是人员思想不统一,盐场缺乏潜在的发展后劲。"

企业没有电,就像人没有血液一样可怕。当时,盐场只有一台柴油发电机,供附近的居民和工人照明,每天晚上一小时。大家都盼着盐场来客人,来客人需要招待,需要用电,盐场就会延长发电时间,大伙就能多见一会儿亮光。

此时的盐场,像一位卧病在床的老人,奄奄一息。

面对新来的厂长,盐场职工各怀心事。有人破罐破摔觉得无所谓,反正谁来早晚都是死路一条;有人冷眼旁观看笑话,天王老子来也没办法让盐场起死回生,更何况来的是一个嘴上没毛的愣头青。大多数人虽然心中疑惑,却仍抱有希望:管他谁来当一把手,只要能带着大家挣钱养家糊口,就行。

"新官上任三把火",王文彪的第一把火会怎么烧,盐场员工都在等着瞧。

有一位盐场老同志前来请示:"第一步工作做什么?"

"治沙!"王文彪脱口而出。

"治沙?沙漠这么大,就凭咱们这些人,可别我们没治了沙,沙倒把我们给治了。"

"挑一些责任心强、素质相对高的员工,啥也别干,

就种树。"

"种树得先买树苗,钱从哪儿来?盐场账面上是负数,职工们都好久没发工资了。"老同志无奈地摊开双手。

"盐场每卖一吨盐,拿出五块钱,先在盐湖周围种树种草。"王文彪一门心思谋划着如何先解决眼前最紧要的问题。

他亲自从工人中选出27人,组成林工队,专职清理盐场的沙子和种树。王文彪交代给林工队的任务浓缩为四个字:"保住盐场!"

此时的王文彪治沙目的很明确,就是要保住日益被沙漠侵蚀的盐场,要让盐场近百名职工能糊口活命,生存下去。

兵来将挡,水来土吞。

沙来了,有树木阻挡。

王文彪和这27位员工与沙子较上了劲。风沙太大,沙子清了又来,来了就再清。

王文彪经常和大家一起挖树坑、栽树苗、担水浇水。沙漠植树很枯燥很乏味,为了调动大家的积极性,活跃气氛,他还组织进行植树比赛,在一定的时间内看谁植树又多又好。获奖者,用空酒瓶当奖杯发给他。很多时候,精神奖励比物质奖励更有效。

王文彪一边抓盐场的生产,一边植树。他和林工队成员一起拿起铁锹,担着箩筐,尝试用各种方法让树苗扎根在漫漫黄沙之中:柳树死了,就换种杨树;背风坡种不活,就迎风坡种;今年不行,来年再试……就这样日复一日,年复一年,他们用了近八年的时间,在厂区周边种植了两万多棵杨树。

1988年,77位诺贝尔奖得主在巴黎聚首时达成共识:如果人类要想在21世纪生存下去,就必须回到两千五百年前去吸取中国古代孔子的智慧,"惟天地,万物父母;惟人,万物之灵"。这一年7月,我国成立了国家环境保护局,即现在的中华人民共和国环境保护部。

荀子说:"不积跬步,无以至千里。不积小流,无以成江海。"

王文彪当然明白这个道理。

他对员工说:"任何事情如果不去做,永远是零。我们不好高骛远,凭着一双手哪怕种活一棵树,沙漠也就会多出一点绿。"

植树种草,绿化沙漠,阻挡黄沙的侵袭,道理似乎人人皆知。王文彪这样做也并没有多么高明。在他之前或之后,有无数的人或者无数的团队,曾经试图治理沙漠,投入的资金也远远大于这五块钱,然而大多都不了了之,以失败告终。

五块钱治沙,看似一个微不足道的行为,却是一个意味深长的开始。一缕曙光出现在天边,王文彪看到了,但并不很清楚它有何更大的价值。他仍在苦苦探索自己的人生之路。

梦想是什么,他说不清,也没时间思考。

毕竟,有近百名盐场员工和几百张嘴需要他解决吃饭问题!

至少他有事做,可以踏实前行。

第五章 一条生命之路

在普通人眼中,沙漠里没有路,也不可能有路!

在王文彪眼中,他的路就在沙漠。这条路通向人生不可预知的未来。

他在沙漠挖出的第一锹沙,不但改变了老盐场的境况,也改变了自己的命运,还影响了整个库布其沙漠的生态发展进程。

书记的体验

在王文彪和职工们的共同努力下,盐场重新恢复生产,当年不但扭亏为盈,还赚了120万元。然而,盐场地处沙漠腹地,四周被1.86万平方公里的黄沙包围,离火车站直线距离为60多公里,却必须绕道330多公里,车辆平均时速还不到10公里。盐场每年因此多付出1700万元运输成本,利润全都耗在了路上。

沙漠还在扩大,风沙越刮越猛。盐场往外发货的运输道路多次被沙阻断,花费的时间越来越长,产品堆积如山却运不出去。道路不畅,增加了成本,卖出的盐越多,就越亏本。

王文彪决定在沙漠里修一条路。

修路资金至少需要7000万元。盐场要拿出这么多钱修路，比登天还难。不修路，死路一条；修路，又没有钱。怎么办？

进退两难的王文彪首先想到的是贷款，他希望通过贷款拿到第一笔资金支持。锡尼镇是个偏远的小县城，从这头到那头也就一箭之地，县城里的金融机构屈指可数。

"什么？要在沙漠里修路？"他们像在听天书，"这么多钱放出去，打了水漂找谁要？你身上扒拉扒拉统共才几斤肉？这风险我们肯定不能担。"

好话说尽，王文彪就差跪下求人，却毫无效果。

躺在简陋的招待所里，他闭目沉思：绝不能让供应一方百姓食盐的盐场停产等死！王文彪灵机一动，想到了政府。地方政府应该会助盐场一臂之力。他重新鼓起勇气，找旗里的领导，找盟里的领导，再找自治区的领导。因为这件事，还感动了自治区书记。

王文彪给自治区书记讲了他第一次去盐场上班的故事。书记不相信："是真的吗？"

"上班第一天,厂部门前就是一堆沙子,我坐着212吉普车都过不去。盐场怎么发展?盐场管着内蒙古很大一片区域的食盐供应,如果盐场倒闭,这就变成民生问题了。"

书记很重视民生,立即说:"这可不行!"

自治区书记决定亲自去实地考察。那天,赶上起大风沙,让书记尝到了沙漠的厉害。从盟里到盐场,正常情况下走两个小时,但书记要穿越沙漠,亲自体验沙漠之路究竟有多艰难,结果他们走了七八个小时才到。书记本来腰就不好,一连坐了这么久的车,简直痛苦不堪。王文彪在旁边看着都心疼。

书记真正感受到在沙漠里修路的重要性,说:"我们一定得支持做这件事情。"

盟委书记也是一个干实事的人,了解盐场的情况后,亲自在盐场开了一个现场会,把各大银行的行长都请来,动之以情,晓之以理:

"我请你们支持他,把这条路修通吧。"

得到自治区领导的支持，盟委领导又亲自出面，王文彪顺利地从银行贷出一部分钱，再加上企业出的一部分钱，凑足了7500万元的修路款。

第一条穿沙公路

初春的库布其,风卷沙扬,沙砾扑打在人的脸上像针扎一样。

王文彪和盐场员工怀里揣着干粮,顶着风沙,拖着帐篷,走进大漠腹地。他们要和施工队一起开始修建公路。

面对茫茫库布其大漠的特大沙段,面对疯狂肆虐的沙尘暴,面对一无技术、二无先例的艰苦条件,王文彪身先士卒,与工人同吃同住同劳动,同甘共苦。

修路要先打路基。路基是公路的基础,依材料划分,可以分为土路基、石路基、土石路基三种。在沙漠里打路基,比平常铺路基要困难得多。推土机打头阵,把十几米高的沙丘推平,推出路面,工人紧跟着打路基。没有好机械（75马力的推土机就是最好的），工程进度很慢，几乎全是靠人和推土机完成的。没有亲身经历过，真不知道其中的苦。

库布其黄沙漫天，酷热难熬，平均气温在40℃左右，不要说干活，就是站在那里也让人难以忍受。修路的工人们只能带一些简单的生产工具和生活用品，每天啃着干巴巴的干粮，带的水喝完了，只好在沙漠的湿地就地挖井取水。

几百人参加修路，吃住都在沙漠，搭沙子帐篷。一日三餐都是馒头和沙子一块进嘴，一张嘴，沙子自然而然就进去了。晚上住帐篷，特别冷。要打通60多公里沙漠，在那么偏远的地方有时候一天也喝不上水，吃饭更成问题。在沙漠里怎么生火做饭？

"天当被子地做床，黄沙拌饭可口香。"

"清汤挂面碗底沙，夹生米饭沙碜牙，帐篷卧听大风吼，早晨起来脸盖沙。"

艰苦的环境被王文彪如此轻描淡写，一笔带过。

他的乐观精神深深影响着周围的人。大家苦中作乐，以苦为乐，发明了一种闻所未闻的"羊肉面"做法：把穿在身上的白茬皮袄脱下，翻过来当作面案，把面粉和起来，去沟里捡块长条石头当作擀面杖，把面团擀薄，架起篝火，用手撕成片在铁饭盒里煮熟，再撒点盐，就是一顿虽没有肉却带有羊膻味的"羊肉面"。

大家心气高涨，干活也特别卖力。然而，从现实到梦想，从来都不是一帆风顺的。第二天，王文彪一早赶到修路现场，眼前的情形让他的心猛然一沉：修好的路基不见了踪影，满眼都是漫漫黄沙。

"一夜之间，黄沙就把路基盖住，昨天的血汗都白流了。"有人叹息。

"王总，现在怎么办？"身边的人焦灼地问。

"重新推路基！"王文彪毫不气馁，果断下令。

"再被沙子盖住，咋办？"

"那就再推！"

沙漠著绿
——王文彪治沙团队的故事

　　刚刚修成的路挺好，大风吹一晚上，第二天6米宽的路面上沙子堆得老高，车从这面走不到那面。修路的材料，主要靠骆驼运输。材料在几十公里以外，骆驼走得特别慢。大家在等材料进来的时候，公路又变成了沙漠。就这样，他们推了埋，埋了推，三个月过去了，修的路也没向前延伸多少。

　　"在沙漠里修路无异于'天上架桥'，必是'死路一条'。这不是拿着钱胡闹吗？"有人开始埋怨。

　　"多少钱都撒进沙里了，连个水花都看不到。"有人开始质疑。

　　在打击面前，一部分人的信心动摇了，不和谐的声音越来越多地传入王文彪的耳朵。

　　他表面上还是不动声色，内心却焦急如焚。

　　"这是一场人和大自然意志的较量！谁先投降，谁就输！"

　　"我们的企业不能关闭，我们没有输的资格！再难也要坚持！"

虽然有杂音,但绝大多数人并没有退缩。条件那么艰苦,环境那么恶劣,大家还是相信王文彪说的:"这条路一定能够修得出来。"

这是一件极具风险和挑战的事情,因为在沙漠腹地从未有人做过这样的事。没有技术支撑,没有先例,没有可靠的地质资料,没有足够的资金支持,完全靠的是勇气和胆略。

路基通了以后,最重要的问题就是:一夜之间又全被风沙埋了。对于辛苦的修路人来说,这是最痛苦的,但也在他们预料之中。在库布其沙漠,一夜大风就可以移动巨大的沙丘,更别说淹没一条公路了。几十米高的沙丘彼此相连,紧逼公路两旁,随时有可能将这凝结着人们汗水与希望的穿沙公路吞没。王文彪和工人们与沙漠展开了艰苦卓绝的斗争,修路、护路同时进行。

修路难,护路更难。

王文彪向参加修路的民工请教:"有什么办法可以让路基不被流动的沙丘淹没?"

"如果能把沙子固定住就好了。"一位民工说。

王文彪眼睛一亮:"有什么办法能固定住沙子?"

"用沙柳条插成网格形状,就能把沙子固定在网格里。"

从沙漠中找来枯萎的沙柳枝条,编成草方格,然后固定在道路两侧,这种方式叫"打方格"。

第二天,路基竟然没有被沙子淹没。

王文彪兴奋地连声说:"太好了,就用这种办法!在全路段推广,在网格里再种上沙蒿。"

王文彪带队修沙漠公路的壮举,得到了社会各界的积极响应和支持。杭锦旗政府所有的公务人员来了,周边的老百姓自发组织起来,他们在路基两边做沙帐,种沙草,护路治沙。

适逢8月,进入雨季。下了点雨,黄沙不再飞扬,加上网格固定的作用,路基终于没有再遭被沙子吞没的命运。修路大军加紧工期,到了年底,终于修成全部路基。

事在人为

在春天植树季节,王文彪和他的团队继续与沙漠为伴,与风暴共舞,没有休息天,没有节假日。很多人听说过窑洞可以住人,但没听说过沙窝子也能住人。王文彪就住过,库布其的很多治沙人都住过。

到了晚上,就在沙子里刨出一个大窟窿,拉上一块大苫布,能够勉强遮挡风沙,这就是治沙人的栖身之所。有一次,王文彪蓬头垢面刚从沙窝子出来,旁边有人开玩笑:"王总,你这住的是啥子高档旅店呀?"

王文彪随口答:"这是'沙漠王子'的沙漠宫殿,一般人'享受'不起!"

春季过后,每个人都瘦了一圈,脸脱了一层皮,嘴唇

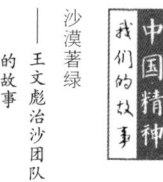

沙漠著绿
——王文彪治沙团队的故事

裂开的血口子,到夏季才能恢复。然而,春天种下去的树苗,往往刚到夏天就被沙暴狂风吹得无影无踪。第二年他们只好再去种。

有了难题,大家一起想办法解决。王文彪带领他的团队,在沙漠里流血流汗。路,在他们的脚下一点点向前延伸。一年又一年,修建穿越库布其沙漠的第一条路,已进入第三个年头。

1999年开春,王文彪吃惊地发现:凡是树活了的地方,高高的沙丘都不见了。原来树长高后,能固定住沙丘使之无法移动。风一吹,沙丘的沙子落入低处,填平低坑,沙漠变平了。

"沙漠里种树,不需要把沙漠推平!"他兴奋得像自己拿了大奖,迅速全线部署,一边在沙漠里直接种树,一边硬化已成型的路面。

10月,瓜果飘香。在当地政府和民众的支持下,经过一千多个日日夜夜的艰苦奋战,在飞鸟难越的库布其大漠,一条被誉为"大漠奇迹"的穿沙公路,终于修成通车了!

这一天是1999年10月8日。

"65公里的路,整整修了三年啊。我们修成了!"

王文彪在通车庆典仪式上,语声哽咽。

"这是我最大的慰藉,也是我这一生梦寐以求的事情。我就出生在库布其沙漠,我的童年曾经过着与这里的人们一样的生活,我深受其害,深知其苦,但我同时也深深地爱着这片土地。"

现场许多参加修路的职工,都忍不住流下激动的泪水。

"天下之事,闻者不如见者知之为详,见者不如居者知之为尽。"先生存,再发展。如果连肚子都填不饱,何谈理想?一个人,只有在实践中运用能力,才能知道自己的能力。年轻的王文彪敢于在没人走过的地方开辟出一条路,足见其勇气和魄力。

尽管当初大部分人都反对,但第一条穿沙公路的建成,不仅让盐场堆积如山的食盐降低了成本,顺利运送出去，更重要的是，它让王文彪看到产盐之外的另一番天地。

他说："这是一条'生道'！"

万事开头难，难就难在人皆有懒惰之心。因为怕麻烦而不去开始，久而久之，便真觉得事情太难而自己又无能为力，由此以懒惰始，以怯懦终，懒汉变成弱者。

行动，行动，行动！

路不行不到，事不为不成。

王文彪以果敢剽悍的作风，开拓着盐场的未来。

此时，他已经敏锐地捕捉到更广阔的前景。

第六章 沙漠经济学

路通了，盐场效益很快得到了提升。

员工们一个个喜笑颜开：好日子真的来了！

王文彪并没有躺在功劳簿上止步不前。

他发现了更大的商机。

一部中华传统药典《本草纲目》，让王文彪看到了发展沙漠经济的美好前景。

梁外甘草

在修第一条穿沙公路时，沙尘暴肆虐，今天建好的路基，明天就可能被沙尘吞没。为了阻止沙尘侵袭，他们在路两旁大搞绿化，种草植树。

王文彪曾用"沙柳打方格法"护路，但这种方法一亩需要1000块钱左右，成本很高，而且只能管一个时期，时间长了，沙子再扑上去，就不起作用了。

打网格的巨大成本由企业承担。曾经做过教师的韩美飞，和王文彪是同学，1995年加入亿利。韩美飞说："第一条穿沙公路，实际修路投资有五六千万，但整个护路投资早已超过了这个数目。对当时产值才几个亿的企业来说，确实压力很大。"

中国精神 我们的故事

沙漠著绿——王文彪治沙团队的故事

夕阳西下，残红如血，蓝天与库布其沙漠在地平线上交汇。

踱步在荒沙梁上的王文彪，紧皱眉头。

沙漠无路，他必须带领员工闯出一条路来。可是，路在哪里？

他开始走访沙漠深处的牧民，虚心向他们求教。在这个过程中，一种植物引起了他的注意。

深夜，王文彪还在埋头查阅资料，窗户上投影着他那魁梧高大的身躯。

起夜的员工路过，看到亮灯的窗子，揉了揉惺忪睡眼，嘟囔着："深更半夜的，王总咋还没睡！"

王文彪正在研读的典籍是《本草纲目》，上面介绍："梁外有甘草，叫十方九草。"

梁外就是库布其沙漠，梁外甘草最好的产地就在库布其。甘草又称蜜草，是沙漠中的先锋植物，耐寒、耐旱、耐风沙、耐贫瘠。其根部是名贵药材，地上的茎叶是优质牧草,被誉为"中药之王",有"十方九草"之称。甘草可用于深加工发展天然健康药业,还可通过根瘤菌固氮作用为沙漠土壤提供天然氮肥,改良沙漠土地……

小时候,家里比较贫困。有时王文彪就跑到沙漠里找点甘草,拿去卖了当作上学的零用钱。第一次深入沙漠腹地考察,他也曾注意到那里零零星星散布着的绿色甘草。

王文彪激动地走到窗边,一轮旭日正从天际冉冉升起。

这么广袤的沙漠没人敢用,没人能用。

他望沙兴叹:为什么不用?在穿沙公路两边种植甘草,一可以护路,二可以带来经济效益……

在荆棘丛生的前行道路上,王文彪重新看到了希望。他郑重地铺开稿笺,写下"沙漠经济学"五个大字。

寻找机遇

韩美飞看到王文彪嘴里不停地嚼着什么,好奇地问:"啥好吃的?"

王文彪从口袋里掏出一样东西,递给他:"你也尝一尝!"

"这不是甘草吗?有啥好吃的?"韩美飞有些奇怪。

"这里大有文章可做。就以此作为突破口,我们在沙漠大规模种甘草。"王文彪兴奋地说,"甘草医得了人,治得了沙。它的根牢牢地抓住沙,能对抗沙尘暴的侵害,让肆意扩张的沙漠不敢再嚣张。贫瘠的沙漠因为有了它,就可能变成绿色银行。"

说到做到,王文彪开始在穿沙公路两侧以甘草为主大搞种植。后来，他们又种植了近二十万亩以甘草、沙柳、杨树为主的生态林。一年后，在沙漠上形成了一道长65公里，宽8~10公里的绿色长廊。路不但护住了，甘草还为企业带来了不错的收益。

沙漠中的三件宝——沙柳、胡杨和甘草，它们相互团结，成了对抗沙漠化的植物大军。沙漠治理中常常采用植物共生的方法。甘草的优势在于其枝叶低矮，根系沿地皮繁衍。而沙柳和其他树种，占据的是甘草生长空间之上的空间，可以共享水分、空气和阳光，和谐共处，互不侵犯。这种地下种植甘草，地上种植可再生能源沙柳的模式，后来在整个沙漠治理区域大面积推广。

一转眼，在王文彪的带领下，亿利甘草治沙工程已经进行了5年。他们大规模推广"甘草半野生栽培技术"，规模化、标准化种植甘草，开发甘草饮品、甘草良咽、复方甘草片等甘草系列产品；研究、培育、改良了沙柳、甘草等200多种种质资源，把库布其沙漠建成了全球规模最大的沙旱生林木种质资源库。

他们还研究推出了沙漠家族的调味调料、汤料。比如：一片肉苁蓉、两片甘草、三颗枸杞、四片黄芪，用中医配的方子打成包，让大家品尝原汁原味原生态的老味道。为此，王文彪还创作了一句广告词："我来自沙漠。"

王文彪在库布其沙漠北缘、黄河南岸以及沙漠腹地的巴音乌素等地，通过"公司+农户""企业+基地"的合作方式，开展了大规模的甘草半野生化种植工程。他坚信，中国加入世贸以后，中药一定是优势产业。怎么变废为宝，怎么把像梁外甘草这样珍贵的草药有效利用起来，怎么形成产业链，让手里的资源也能参与世界经济……这些问题都要好好琢磨。

只要努力奋斗，总会有惊喜在前方某个地方等着你。

世界上有两种人，一种是强者，一种是弱者。强者给自己找不适，弱者给自己找舒适。很多时候你的不如意，不是你运气不好，没有机会，只是因为你还不够努力。越努力，就越幸运，是最朴素的道理。

第七章 为黄河织一条绿飘带

"库布其"为蒙古语,意思是"弓上的弦"。

它位于黄河南岸,北面的黄河宛如弓背,迤逦东去,茫茫沙漠宛如一束弓弦。

这里是十几万库布其人的家园。

执拗的骆驼

黄河是中华文明最主要的发祥地之一。六千多年前,黄河流域内已开始出现农事活动;大约四千年前形成一些血缘氏族部落,其中以炎帝、黄帝两大部族最为强大。在相当长的历史时期内,中国的政治、经济、文化中心一直在黄河流域。中国古代的"四大发明"——造纸术、活字印刷术、指南针、火药,都产生在黄河流域……

王文彪注视着下属们,仿佛又回到最初的课堂。当然,他不是简单地给同事普及常识,而是要勾勒出一幅宏大的治沙蓝图。

他早有研究,在沙漠四周种树比较容易。要想彻底治

沙，首先得锁住沙漠四周，渗透腹部，先易后难，先外后内。2000年，王文彪提出："围绕黄河大规模种树，种甘草发展医药产业，既保护了黄河，又能挡住刮来的风沙。"

他竟然想在黄河上做文章，建240多公里的锁边林！

专业人士算了一笔账，实施这项工程，至少要投入几个亿。方案一出来，大家就炸了锅。

"企业应该主要考虑自身发展，如何扩大再生产提高效益。治沙是政府的事情，我们没资本、没实力、没义务去做。"

"成本那么大，企业效益再好也拿不出那么多钱。大批资金投入，不是马上就能见到利润的。沙没治好，企业掏空了，咱吃甚喝甚？"

"黄河那么长，是咱一家企业能保护的？"一位年长的副总开口说，"王总，你的设想太大了。"

其他人都沉默着。

王文彪继续动员："沙漠里遍地都是钱。沙漠里种植甘草和沙柳，发展甘草天然药业和生物能源产业，将产生巨大的效益。我们得放眼长远，做长久打算……"

然而，任凭王文彪说破嘴皮，同意他这个战略的人寥寥无几，甚至有人开始冷嘲热讽：

"在黄河边种树？想树想疯啦？异想天开！"

"人心不足蛇吞象，他这是要把盐场往死路上领啊！"

"你可以为自己捞资本，但不能拿大伙的东西做赌资！"

火药味越来越浓，两名干部由于无法认同王文彪的战略，辞职了。最决绝的拒绝，就是转身离开。

王文彪陷入沉思：

这么多人反对，难道自己错了？

如果决策失误，后果究竟会怎样？

历来都是沙进人退，要改变这种千百年形成的局面，变成人进沙退，是不是天方夜谭？

从历史上看，人类与沙漠的斗争，大多以失败告终。

难道自己也要重蹈覆辙？

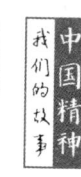

沙漠著绿
——王文彪治沙团队的故事

一切都没有阻挡住王文彪的决心。想5年收回投资，让天更蓝，沙漠变绿，天底下没有这样的好事。治理沙漠周期长，规模大，投入大，见效慢。如果没有恒心，肯定做不成！但一味想着失败，想着退路，更干不成事。

王文彪的拳头狠狠砸在桌面上，就这么干！

由于他是总负责人，大家也都不再说什么。王文彪最终的决定平息了企业内部的争议。可是，外界接连不断传来的质疑和非议，又让他始料不及。

"这家伙就是一头沙漠里执拗的骆驼！"

这句话传到王文彪耳朵里。

他嘿嘿笑了："骆驼好啊，坚韧不拔。"

当地一些领导很不理解：

"这家伙是不是沽名钓誉？"

"是不是想通过治沙，从国家整一些投资？"

更有人在背后指指点点：

"无利不起早，这家伙拼命跟沙漠较劲，到底打的什么算盘？"

人生格局

2001年,规模宏大的黄河锁边林工程开建,大规模的沙漠治理行动全面铺开。

库布其沙漠北缘、黄河的南岸,240多公里的长度,单单围起来就用了两个月。围栏围起来了,沙漠里还散落着640户牧民。王文彪成立了工作组,动员他们搬迁,一家一户地做工作。他们天天跑、天天说,腿跑细了,嘴皮子快磨破了。最后,通过当地政府积极实施生态保护措施,给了牧民一些相应补偿,终于将这些牧民搬迁出来。

同时,他们面临着修穿沙公路和完善相应配套建设的任务。开始准备一段时间后,有好多人提出:"路不通,苗进不去,根本不可行!"

沙漠著绿——王文彪治沙团队的故事

办法总比困难多。

王文彪带着员工实地勘察,用碾轨车把沙子推平,上面洒上黏土,再洒上水,再轧压平,干了以后车辆就可以进去了。

王文彪亲自坐镇,他要动用全部的力量,全力以赴地打一场声势浩大的沙漠反击战。1000平方公里,面积太大,光靠亿利员工种树,肯定种不完。他就从外面雇了2000人,一起加入到种树的队伍中。

树苗运进去了,人也进去了,区域也划分好了。

问题又来了,从前线传来一个非常不利的消息:

一些当地的农牧民组织起来,把进入沙漠的路口全部封死了,进去的人不让出来,没进去的人也不让进。说死说活都不行,农牧民坚决反对他们到沙漠里种树。

进不去人,就不可能送进去吃的。里面的人喝不上水,吃不上饭,形势很严峻。一连持续了近二十天,经过几轮谈判,就只让送一点馒头。屋漏偏逢连夜雨,这一年风沙特别大,好多人待几天就受不了了。眼看着种树期就要过去，花了好大一笔钱买的树苗在沙漠里埋上，又吹干了。

怎么办？所有人把目光投在王文彪身上。

王文彪向当地政府求援。旗里出面做工作，下面基层村委也做工作，大家一起努力终于说通了农牧民。

烈日炎炎的夏季，最热时温度高达36℃，沙漠地表温度早超过了40℃，人好似进了蒸笼。赶上起风时候，沙子猛烈地直扑入口鼻之中，哪怕简短交谈几句，都能"收获"满嘴沙子。

沙漠的蚊子不饶人。在火热的天气，人们全身还得穿着厚衣服，防沙、防晒、防蚊子，全副武装。

中午饿了，就啃一口自带的干粮；渴了，就喝一口自带的水。个把月下来，脸上、脖子上、胳膊上，凡是暴露在外的皮肤，都被紫外线晒得脱了几层皮。脸上也被晒得斑斑点点，人人都变成了"黑脸包公"。

为了修建防沙护河锁边林工程，在当地政府的支持下，王文彪先后发动10多万当地农牧民加入进来。4年时间，他们在库布其沙漠北部的边缘地带修建了柏油路，路的两侧种植了200多万亩以甘草、沙柳、杨树为主的经济生态林。

黄沙从哪里刮来，那里就是治理沙漠的源头。

不管别人说什么，王文彪坚信，自己发展沙漠产业的企业战略是对的。

他要克服种种难以想象的困难：内部员工的埋怨和不理解，外界人士的嘲笑和质疑，当地农牧民的误会和阻拦……

王文彪感叹："库布其治沙人必须要面对大自然最严峻的考验，但藏在背后比干旱、比烈日、比一望无垠的黄沙还要严峻的考验，就是嘲笑和质疑、压力和孤独、犹豫和诱惑。"

人生要有大格局。

所谓格局，是指一个人的眼界和心胸。只会盯着树皮里的虫子不放的鸟儿，不可能飞到白云之上。只有眼里和心中装满了天地山河的雄鹰，才能自由自在地翱翔！曾国藩在谈到如何将事业做大时有句名言："谋大事者首重格局。"一个心胸狭隘的人,讲不出大格局的话;一个没有使命感的人,讲不出有责任的话。凡事从大局出发,愿意舍弃个人的小利益来成全大局,很多事情就会迎刃而解。

在王文彪的坚持下,2004年工程完工,不但锁住了流向黄河的沙,而且使库布其沙漠的生态得到进一步修复,沙尘暴开始越来越少。

长达240多公里的防沙护河锁边林,像一条绿色的飘带,环绕在母亲河的腰际。它成为王文彪治理库布其沙漠的一面生态绿化旗帜!

第八章 慧眼识珠

七星湖,原来只是库布其沙漠的七个野湖。

岸畔野草丛生、蚊蝇乱舞,偶有牛羊放牧到此,留下些许粪便。

七星湖,像被上天遗忘的七位仙子,沉睡千年。

王文彪拭去千年沙尘,让七颗沙漠明珠再焕光华。

古老传说

库布其沙漠腹地有七个湖泊,叫七星湖。

太阳神湖是最神秘的,其他六个湖的鲤鱼(当地人叫"撸子")可以垂钓食用,唯太阳神湖的鲤鱼不能钓,不可食。在当地人心中,那是神物。天长日久,神湖中的鲤鱼多而肥美,且不惧人。若有人抚摸它的头,鱼儿也不躲避,还会吮吻你的手指。

很久以前,有位牧羊女,肤色如炭。

少女都爱美,牧羊女为此不知泪湿了多少枕巾。

母亲知道女儿心事,劝道:"去神湖许一个愿吧,或许会有用的。"

月圆之夜,牧羊女独自来到神湖边,双手合十,兀立

沙漠著绿
——王文彪治沙团队的故事

许久。

此后,她每天都来神湖牧羊,用湖水洗脸净手。神鱼还会和牧羊女嬉戏,忽地跃起落下,溅起浪花朵朵。水花飞落在牧羊女的脸颊,引得她咯咯脆笑。

数十日后,牧羊女肤色渐变,肤如麦色,脸颊酡红,如施淡脂薄粉。牧人无不愕然,以为仙女。有好事者再三问之,牧羊女只是笑而不答。

牧羊女有一只小羊羔,非常珍爱,忽一日湖畔放牧时,不见了踪影。牧羊女伤心欲绝,月圆之夜又来到湖畔,虔诚祈求:"神湖神湖,请赐还我心爱的羊羔。"

当夜,一尾红色鲤鱼游到牧羊女面前,开口说话:"想找小羊羔,黄河南岸少年郎。"

牧羊女惊醒,方知是梦。次日一早,不顾父母劝阻,她独自穿越数十公里沙漠来到黄河南岸,但见水草丰美,那只小羔羊正低头吃草。不远处有一位眉清目秀的翩翩少年,望着她微笑:"你的小羊?你叫它,它会答应吗?"

牧羊女轻轻呼唤,羊羔闻声,奔赴怀中,耳鬓厮磨。

"看你爱羊之举，定有良善之心。"少年又道，"明日午时要想活命，切莫离它左右。"

"为什么？"牧羊女大惑。

少年不答，转身离去。

牧羊女料想，次日沙漠定会有大的变故，便把亲人、村人召集过来，聚于羊羔周围。午时，一团黑雾自天际袭来，霎时天昏地暗，沙尘暴刮得墙倒屋塌。唯羔羊四周，风平沙静。

全村人因此躲过一劫。

新的传说

在很小的时候,王文彪就听母亲讲过七星湖的古老传说。当第一次亲眼看到七星湖时,他更是深深地爱上了它们。

这些上天赐予的沙漠明珠,遗落人间,被岁月风沙湮没,失去了熠熠光辉。王文彪觉得自己和七星湖有缘,仿佛千百年来它们一直静静地等在那里,等他前来赴约。

2000年7月,库布其沙漠生态项目部成立了。开始规划无人区的时候,车根本进不去。偌大的七星湖区域,几十年都没进过一辆车。

"不惜代价,一定要做,要做就把它做到最好!"

王文彪充满信心,一锤定音。

2002年，赵健君大学毕业加入亿利集团。他的第一个工作岗位就在七星湖。来的时候，七星湖还没有一砖一瓦。当时，和赵健君一样，很多人都加入到生态开发七星湖的大会战中。

白天，沙子的温度可以把鸡蛋烤熟，夜间的气温又非常低。王文彪和员工同吃同住、同甘共苦，他们把沙子刨开，搭上帐篷，铺一层砖、一层木板、一层褥子，就在那儿睡。晚上，蚊虫嘤嘤嗡嗡袭击而来。还有好多小虫子想从人的身上爬过，人得稍微把腰支起来，好让它们从自己身下爬过去。睡觉前，人们把衣服脱下来扔在旁边，第二天，抓起衣服轻轻一拧，就能拧出水来。早晨起床，要先在沙地上挖开一个坑，等积点水，才可以洗脸。想吃饭喝水，也得这样做。

在沙漠里建酒店，比想象的更难。

机械进不来，水进不来，他们就靠人力铺路，再垫上沙砾，机械随后一点点移进来。为了达到五星级酒店标准，几乎所有的建筑材料都是从上海、重庆甚至广州运过

来的。

一天,项目负责人王文治凌晨4点钟到现场,听到走廊里有人打呼噜,以为是施工的工人,打算叫醒他,请他赶快回工棚休息。结果走到跟前,王文治才发现是自己的哥哥王文彪。哥哥浑身从上到下满是灰尘,鞋在旁边放着,头枕工作服,睡得香甜。

王文治的眼泪,在那一刻差点掉下来。

看到哥哥如此辛苦,王文治既心疼又感到压力大。哥哥事业做得那么好,仍在拼命工作,自己若是不加倍努力,怎么行!

七星湖酒店从奠基开工到投入使用,用了371天。为了早日完工,近万人集中施工。有一个月,大家每天仅睡三四个小时……

转眼几年过去,当赵健君离开七星湖时,这里已经是度假天堂了。

清晨,在布谷鸟的叫声中醒来,走廊上小燕子啾啾唧唧。右侧数十米外,是湖光涟漪。左侧数百米外,是漫漫大漠。从湖泊凉亭望去，在伊克道图湖对岸，是那片颇具异域风情的建筑群。这些建筑就像沙漠里的城堡，古朴又时尚。

沿伊克道图湖岸边的穿沙公路，在绿草掩映中行驶大约十分钟，便会看到一条繁花似锦的格桑花簇拥的大道，迎面是一尊高大的雕塑：五棵树木伸开枝叶的手掌，托起一颗金色的地球。雕塑一端，可以透过碧清的湖水和绿油油的草地，望向远处金黄的荒沙梁；另一端则通向库布其国际沙漠论坛的永久会址：七星湖酒店和国际会议中心。

七星湖酒店由国际设计大师精心设计，具有沙漠生态、科技特色和文化风格。工人们还在七星湖找到了非常罕见的水温高达52℃、矿化物非常适宜人体需求的神奇沙漠温泉。酒店的大漠天池厅、四季生态厅及玻璃屋顶全部采用光伏发电，日常生活热水全靠太阳能热水器，冬季取暖用的是温泉循环水，夏天制冷提取的是地下自然冷气。绿色交通靠太阳能车、太阳能船来实现。回收再利用的雨水，用于沙漠园林的灌溉。

在大漠天池厅，人们不仅可以仰望蓝天、白云，眺望沙漠绿地，还可以护养皮肤，调养身心。沙漠、绿地、湖泊、温泉交相辉映，让人仿佛置身于天堂般的梦幻中，流连忘返。

七星湖早已存在，却从来没有人想到如何利用它。或者有人看到了它原始的美，却不知如何真正让它名闻天下。如果说，七星湖是一块蒙尘的璞玉，那王文彪就是发现并打磨璞玉的大师。先是七星湖的生态开发，然后是甘草的再发展，由甘草产业带动其他沙漠产业，包括旅游业也一起做起来。

七星湖实际上是王文彪规划的一个重点，也是沙漠治理远景中的核心。当七星湖崭新的巨幅画卷在世人面前铺展开时，谁会不惊叹它的奇美魅力呢？

第九章 胡杨精神

胡杨又称胡桐、英雄树,属杨柳科。

它是生活在沙漠中唯一的乔木树种,见证了我国西北干旱区走向荒漠化的过程。虽然现在胡杨已退缩至沙漠河岸地带,但它仍然被称为"沙漠生命之魂"。

凶险的遭遇

库布其沙漠几乎每天都有沙尘暴。

风刮来的方向上,先有黑压压的风沙墙飞快地移动。远看风沙墙高耸如山,像一道坚固的城墙,越来越近,这是沙尘暴到来的前锋。紧接着是漫天昏黑。强沙尘暴发生时,由于刮起8级以上大风,小石头和沙土被卷起。随着飞到空中的沙尘越来越多,浓密的沙尘铺天盖地,遮住了阳光,人们如同置身于漆黑的暗夜,看不清东西。

空气中携带着大量沙尘,它们上下翻滚,形成无数大小不一的沙团,在空中交错腾冲。风沙墙的上层常呈黄至红色,中层呈灰黑色,下层为黑色。上层发黄发红,是由于那里的沙尘稀薄,颗粒小,阳光几乎能穿过沙尘射下

沙漠著绿
——王文彪治沙团队的故事

来。下层沙尘浓度大,颗粒粗,阳光几乎全被沙尘吸收或散射,所以发黑。风沙墙移动过的地方,天色时亮时暗,不断变化。这是由于光线穿过厚薄不一的沙尘带时所造成的。人们很像在看一部震撼人心的灾难大片,可怕的是,自己已然置身其中。

沙子会开玩笑,还会开得非常大。工人正在施工呢,突然漫天遍野的沙尘暴就来了。春季,每天的风沙都很大,为了赶进度,工人们只能顶着狂风工作。刮三四级风时,沙就起来了。你在这儿种树,它就在那儿刮;你在那儿吃饭,它就蹭到嘴里来。谁若是有个不小心,还会迷了眼。大家每天都灰头土脸。而且风特别大时,连做工都不成,只有等风停了,再赶快抓紧干活。

刚开始施工的时候,工人们一般早晨6点钟起来吃早饭,每个人带一两个饼、一两瓶水出发,中午吃过饭能休息一个小时,之后一直工作到晚上8点钟。工程紧的时候,几乎没有休息时间。没有交通工具,只能靠两只脚走路。后来配了一些车,可是工地多、车辆少,十几个人只能挤在一台212吉普车上。有时车坏了，人就回不去了，就得想办法住在沙漠里。

在库布其沙漠北缘施工时，修的是简易沙石路。这样做，可以把苗条运进沙漠，工人也可以接送进来。牧民多数都是本地的，一般骑摩托车或者开三轮车，干完活当天晚上再回去。

最初没有井，后来打了组合井，各个工地都有，喝水、做饭、洗漱都很方便。如果组合井里的水没了，就得找低洼的地方挖个坑，会有水渗出来，等水中的浊沙一点点沉淀下去，才可以喝上面澄清的水。

沙漠里生活很单调，几乎没有什么娱乐活动。偶尔，大家聚一聚，喝点酒，扯开嗓子吼一吼家乡戏或民歌。

一天晚上，王文彪接到电话，说有一拨人在沙漠里没回来，被风刮得找不着了。

王文彪问："大概有多少人？"

对方答："有七八十人。"

这时，已经是晚上9点多钟了。

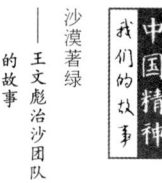

沙漠著绿
——王文彪治沙团队的故事

王文彪着急了。当时风非常大,而且天很冷。他赶快安排人员,三人一组或四人一组分头去找。

他很清楚,沙漠就像孤岛。走过的路,隔夜便会被风沙吹得不见踪影。在沙漠中行走,再有经验的牧民也会有迷路的时候。

没有电,只好打开汽车车灯照明,分头搜寻的人们,举着手电筒,扯着嗓子拼命地喊、拼命地找。

11点多钟进去,找了两个小时,到凌晨1点多钟,终于找到了一些人。仔细一问情况,才知道:这些工人也不知道自己在哪里,根本就找不着南北,有的人就想在沙丘下面背风的地方休息,等天亮再走。这样做非常危险!一来可能被冻坏;二来沙子刮着刮着,就能把人的大半个身子埋进去,等人反应过来,常常为时已晚。

大家继续扯着嗓子喊,折腾了一个晚上,终于把失踪人员全部救了出来。

彻夜未眠的王文彪长吁一口气。

每一位员工的身后,都有一个家庭:上有老母,下有娇儿……

无论哪个人出事,他都不会原谅自己。

以后再有队员进沙漠,王文彪总是不忘叮嘱:"生命大于天,一定要注意安全。"

危险,却总是防不胜防。

负责飞播的奥文祥,乘坐的飞机在半空中突然失去动力,坠落在沙漠。幸运的是,除了一些擦伤外,其他并无大碍。

员工去搞调查,一共去了5台车。张吉树坐的那台车,司机可能没听清前面车的指挥,直接就开了过去。前面是一道很高的沙壑,车开到十几米高的沙丘顶之后,就直直地飞了下去。结果,张吉树的腰椎被压骨折了,在家躺了两个多月。

他深有感触地说:"在沙漠,除了工作艰苦,有时还得付出鲜血。"

旁边的治沙人说:"大难不死,必有后福。上天会保佑我们这些做好事的人!"

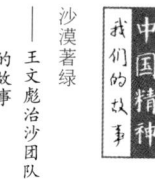

沙漠著绿
——王文彪治沙团队的故事

2006年，春季种植大会战时，吉日嘎朗图项目区的50名工人和监理人员在沙漠腹地搞种植，又一次遭到沙尘暴的突然袭击。他们完全走失了，谁也无法联系上。

"动用一切力量，一定要找到他们！"王文彪又一次绷紧了神经。这些都是亲如手足的兄弟，无论谁有什么闪失，他都无法向他们的亲人交代。

经过一天艰辛的寻找，终于在沙漠腹地一个巨大沙丘的背风湾，找到了他们。不可思议的是，就在沙丘旁边，挺立着几棵胡杨。

"那个场面很可怕！"一位员工至今回忆起来，仍心有余悸。

"在沙漠里，只要看到成列的胡杨，就能判定那里有水。就是这些胡杨，让我们看到了生的希望！"又有员工说。

那天，王文彪独自一个人，默默地走上高高的沙丘，遥望远方。

生而千年不死，死而千年不倒，倒而千年不朽。

三千年的胡杨,一亿年的历史。

要记住这种植物,也要记住有一种精神,叫胡杨精神。

精神的力量

王文彪最爱的沙漠植物，不是沙柳，不是甘草，而是胡杨。

千百年来，胡杨守护在边关大漠，被人们誉为"沙漠守护神"。胡杨对于稳定荒漠河流地带的生态平衡，防风固沙，调节绿洲气候和培育肥沃的森林土壤，具有十分重要的作用，是荒漠地区农牧业发展的天然屏障。

王文彪专门研究过胡杨。

胡杨的侧根发达，根蘖性极强。一棵老胡杨树，可在周围萌蘖出三四百株幼树，生态价值和经济价值极高。

南疆塔里木河流域一带，当地群众常用大径胡杨干材凿制独木船，维吾尔语称"卡盆"，是捕鱼、渡河的重要工具。

胡杨木的纤维长,是造纸的好原料。枯枝则是上等的好燃料。

胡杨叶是荒漠区的重要饲料。胡杨的树叶富含蛋白质和盐类,是牲畜越冬的上好饲料,羊最喜欢吃。在胡杨分布地区,林中每年都有大量落叶,牧民常用作羊的"冬窝子"(即冬季放牧草场)。

胡杨可以生长在高度盐渍化的土壤上。当盐分积累过多,胡杨能从树干的节疤和裂口处,将多余的盐分排出去,形成白色或淡黄色的块状结晶,可入药,称"胡杨泪"或"梧桐泪"(因叶似梧桐叶而得名),俗称"胡杨碱"。胡杨碱是一种生物碱。在新疆南部和内蒙古西部胡杨生长旺盛的地方,产量很大,采收便易,成为农民的一项副业。当地居民用它发面蒸馒头,因为胡杨碱的主要成分是小苏打。除供食用外,胡杨碱还可制作肥皂,用作罗布麻脱胶、制革脱脂的原料。一棵成年大树,每年能排出数十千克的盐碱,堪称"土壤改良功臣"。

沙漠著绿
——王文彪治沙团队的故事

胡杨的美,是奇异的美。它的树干,常常是干枯、龟裂和扭曲的,貌似枯树,却又顽强伸展出璀璨金黄的新叶,把大漠恶劣环境中生与死的较量表现了出来。

据说,库布其沙漠曾经生长过胡杨,后因不合理的砍伐和地表水量的减少而绝迹。2005年,这里成功引种了已绝迹两百多年的胡杨200多棵,目前已繁殖分蘖为1000多棵。2013年放大种植面积后,库布其沙漠的胡杨数量达10000棵,且成活率较高。

在沙漠种植示范园里,有一棵高大的胡杨,三五步开外,还有一棵小胡杨。高大者,六七年树龄,树皮淡灰褐色;萌枝细,微有绒毛;小枝泥黄色,有短绒毛,折一小枝,咬之有咸味;长枝呈线状披针形,边缘有很多缺口。幼树呢,叶如柳叶,为的是减少水分的蒸发,这也是胡杨别名为"变叶杨""异叶杨"的原因。

胡杨耐寒、耐旱、耐盐碱,抗风沙,有超强的生命力。它象征着一种坚韧、坚守、坚持的顽强精神。

遭受无数的失败和挫折,胡杨精神总会激励着王文彪,使他不气馁,不放弃。

在库布其,还有很多人深爱着胡杨,并被胡杨精神鼓舞着一路前行。

第十章 不忘初心

在沙漠里种树种草,如何赚钱?赢利模式在哪里?

在库布其种下第一棵树的时候,王文彪就在思考这个问题。

沙漠并非一片荒漠,也并非"贫瘠"的代名词。

从濒临倒闭的小盐场到全球领先的生态企业,在坚持不懈的创新实践中,王文彪有了自己的答案。

"有点甜！"

有这样一个工业园，生产产品，却没有烟囱、噪音，不见废水、污水。并不是没有废水，而是废水经过深加工，又变成可以饮用的水。

这不是传说故事，而是现实。

2004年的一天上午，王文彪找来常务副总裁尹铖国。尹铖国出生在杭锦旗。儿时家里贫寒，上学途中过沙漠时，他总要把鞋脱下来，等走过了再穿好鞋子去学校。为的不是好玩，而是爱惜鞋子。

和王文彪一样，尹铖国也盼望着，早日把沙漠经济搞上去。

王文彪向他一口气道出对未来的设想："咱不能捧着

沙漠著绿
——王文彪治沙团队的故事

金碗讨饭吃!企业要谋求大发展,为什么不依托库布其丰富的煤炭资源,发展煤化工产业,走循环经济之路呢?"

因为很突然,来不及思考的尹铖国,感到兴奋的同时又觉得很有压力。

"为了一己私利,就把污水、毒水偷偷排泄出来,污染河道,毁坏庄稼……这样的企业,我宁可不做!"王文彪的话斩钉截铁,"咱搞一个'吃干榨净'的循环经济产业链,而且,我们要搞世界最大的!"

大家都为此捏一把汗:企业刚刚涉足能源化工领域,能冲破层层技术壁垒,将循环经济之梦变成现实吗?

这一年的春天。

站在库布其东缘达拉特旗的一大片沙漠里,王文彪向远处眺望,一望无际的荒沙滩上,只零零星星地长着点杂草。政府同意他在这里建立新的循环经济企业。但是,企业需要的水从哪里来?将来污水排放到何处?

王文彪决定,先在工业园区里建电厂,利用煤炭垃圾——煤矸石为原料发电。很多人认为不可能,当时中国还没有循环工业园区的概念,更没有相应的技术。

为了引进技术、引进人才,珠江之畔和黄浦江两岸,都留下了王文彪的足迹。一个偶然的机会,王文彪与同获"中国石油和化学业风云人物"称号的上海华谊集团董事长张培璋,在北京相识。王文彪和盘托出自己的循环经济之道,张培璋被他发展循环经济的执着和热情深深打动。两个人两双手紧紧地握在一起。

既然是循环经济,能源化工企业发展生产后,剩下的灰渣和废渣怎么办?如果用传统填埋的方法,不仅需要面积巨大的垃圾场,而且势必伴有严重污染。

——那就再建一个水泥厂。

王文彪要建一座集发电、PVC(聚氯乙烯)生产、新材料生产、水泥生产为一体的循环工业园区。

又是一年。

春天的时候,循环工业园区破土动工,打桩机巨大的轰响声,震撼着鄂尔多斯高原上黄河南岸这片千年沉睡的土地……到2007年底,工业园区开始进行试投产。工厂静悄悄的，烟囱不冒黑烟，这两项是做到了，但废水和废渣却没有做到在园区内实现全部循环利用。工业污水只达到了国家排放标准，并不符合建厂之初王文彪定下的饮用水标准。

污水不排放，企业就无法投产。

这一天，副总裁王瑞丰来到王文彪的办公室汇报："工业园区污水达到国家排放标准，可以外排了，你跟政府部门沟通一下吧。"

王文彪连连摆手，说："治了这么多年沙漠，种了这么多年树，现在我们却往黄河里排放污水。这不是自己抓挠自己的良心吗？这电话，我不能打！"

要在工业园区内消化污水，就必须花巨资改造设备。王文彪把国内的同类企业看了个遍，走访了多个国内研究所，仍然找不到解决办法。最后，他把目光投到了国际上。据可靠消息，美国通用电气公司有现成的成套污水处理技术，但技术加设备的总费用需1.6亿元。

"无论多大代价，买！"王文彪咬牙拍板。

2008年3月,循环工业园区的污水经处理排放出来后,直接达到了饮用水的标准。

王文彪取出一杯水,美滋滋地喝了一口:"有点甜!"

告别老盐场

老盐场是王文彪事业起步的地方,他对老盐厂有着特殊的感情。

以老盐场为主的化工系列企业,年销售收入4亿多元,年生产硫化碱占全国三分之一,但粉尘飞扬,产能落后。在建设新型循环工业园区的同时,王文彪要关闭老盐厂。

"他这是忘本啊!"

"9个亿的资产,就这么扔了?"

"王总对盐场感情很深,他说过'让盐场永葆兴旺',不会关的。"

消息传出,很多人还不相信。

王文彪苦笑着说:"做绿色企业就是自己为难自己。国家对环保的要求越来越高,与其晚点再解决问题,不如现在就解决,长痛不如短痛。我们前面的园区是循环经济产业,竖着绿色企业的大旗,后面的老盐场却飞着粉尘。无论怎样,都说不通。关!"

有人找上门来:"王总,把企业卖给我吧。你关了企业,只能白白地损失。"

王文彪说:"我向政府承诺关停。卖给你,企业还在继续污染,我的脸面和信誉何在?"

大批员工从老盐场撤离。有的老员工离开时,一步三回头,还忍不住失声痛哭。2009年,在老盐场员工都得到妥善安置后,作为老根据地的几家企业彻底关门停产。

王文彪在日记中写道:

"今年,我们关掉了一个近十亿元的企业,许多人不理解。因为那个企业环保达标,而且每年的效益不错。但是,它有悖于绿色发展的原则,尽管那是我当初创业奋斗过的地方,是我们的根据地,也只能关闭。我们把几座工厂全部围起来,作为企业发展史的陈列馆,让大家回来看历史,记着亿利走过的绿色之路。"

让沙漠变成金窝窝

2009年4月,王文彪专程前往阿联酋阿布扎比、迪拜和埃及开罗等地考察沙漠产业。

他站在撒哈拉大沙漠边缘的一片绿洲上,眺望远方。

炽热的阳光下,眼前铺展着一块绵延起伏、无比巨大的金黄色的绸缎。旁边的人告诉他,在这片世界最大的沙漠上,未来将建设世界上最大的太阳能发电站。

王文彪怦然心动。

国家不是正在提倡大力发展清洁能源吗?

他暗暗下定决心:要做光伏产业,而且一定要走在世界前列。库布其沙漠日照条件这么好,光资源这么丰富,完全具备发展光伏产业的条件。

2014年,位于库布其沙漠的110兆瓦"板上发电、板间种草、板下养殖"的生态光伏电站,200兆瓦"生态光伏治沙"综合示范项目先后建成投产。

当然,在沙漠里施工,道路需要修建维护,地形需要铲平修整,有一定的困难。但这一切,对久经沙场的王文彪来说,是小菜一碟。为了治理明沙和流沙,他们首先在沙漠上附着一层土,然后做沙障,搞种植。种树不仅能固定沙丘、绿化沙漠,还能改良土壤。

这里面的循环经济,也很有趣。光伏板需要定期清洗,水浇到地上灌溉植被;在光伏板下养牛、养羊、养天鹅,动物的粪便又可以作为改良土壤的肥料,一举多得。

2015年,为了做实验,员工在110兆瓦的生态光伏电站养了100多只鸡,之后不仅有鸡肉吃,还能天天上去捡鸡蛋。2016年,他们开始增加养殖数量。

从远处看,蓝色的多晶硅光伏板,犹如一片蓝色的湖水镶嵌在沙海中,迎着太阳闪闪发光。

王文彪计划着：在光伏板间种植耐寒、耐盐碱的固沙植物，如苜蓿、甘草、杨柴、花棒、黑枸杞、梭梭、肉苁蓉、黄芪等。在这些固沙植物的中间，再种水稻等农作物，也种樱桃、大枣等经济作物。这样在绿化沙漠、利用太阳能发电的同时，经济效益也有了。

秋阳高照，云卷云舒。沙漠公路的两侧，是成片的蓝色多晶硅光伏板，像威武的士兵整齐地纵横排列。

有了库布其沙漠生态光伏电站的成功经验，王文彪还打算率领员工进驻腾格里沙漠、塔克拉玛干大沙漠……

扎根沙漠，不忘初心。

在事业的道路上，王文彪有个不容置疑的标准：必须有利于修复沙漠生态环境。

无论做什么，他心里始终绷着这根弦。

不忘初心，还沙漠一片绿色，还世间一片纯净的蓝天。

王文彪说，无论何时，都要做有社会责任感的人。

第十一章 科学的途径

治理沙漠，不只是百年大计，更可能是数百年大计。

沙漠生态绿化工程，是一门极复杂的学问，需要严谨的态度、科学的方法，才能少走弯路，少付出一些代价。

在治沙过程中，王文彪由一个门外汉，渐渐成了专家。

水冲造林

每年的四五月份,都是库布其沙漠种树绿化的好时节。

那天,中央电视台、新华社等媒体的记者,扛着摄像机,一群人随同有关部委领导,在王文彪、韩美飞等人的陪同下,一路走了过来。

他们在一处南向的沙丘前,停了下来。

牧民张喜旺站在成排的沙柳丛中,熟练演示种植技术:

1米多长的铁管,一端连接水泵,自水泵里冲出的高压水流,几秒钟便在疏松的沙地里冲出一个深洞。

拔出铁管,一个充溢着水的树洞便形成了,沙柳条被

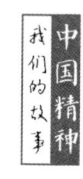

垂直插入,露出地面10厘米左右。

一分钟之内,种了四五棵沙柳。这事真不敢想象。

大家惊叹,鼓掌。

"我们现在用的就是水冲造林,1米多长的沙柳、杨树水冲插条,工效特别快,大约十几秒就可以把树种好,同时浇好水。"王文彪在一旁解说着。

一位记者问:"这一技术,是从哪儿学来的?"

"自己发明的!水气法种沙柳,我们已申请了国家专利。"

"看起来挺简单嘛!"一位参观者轻松地说。

王文彪回头看了看他,笑了笑,说:"是很简单,但我们发明它的过程,却没这么简单。"

1998年开春,修路大军再次开进沙漠。前一年修的网格和路基,依稀可见。

"光靠网格种草,沙子还是上了路,效果不好,成本又高。"

王文彪继续向大家征询更好的治沙护路的办法。

"种树护路，效果可能更好。"有员工建议。

树可以挡风，树根可以固定住沙丘的流动，好像从理论上说得通。

"大家试试种树护路这个办法。"王文彪下达命令。

然而，在沙漠里选择什么树种，怎么种，是最难解决的问题。

从整个库布其沙漠能生长的树种中，王文彪选了20多种带领大家一一试验，看哪种最终能成活。

轰隆隆的推土机把沙丘推平后，大家插上网格，挖出大坑，种上沙柳树。望着密密的沙柳，想想不久的将来这里将是一片绿色，人人脸上漾起满足的笑容。

可是一个月后，连一棵沙柳都没成活，全死掉了。

同样的事情，在沙漠里不断上演。

汽车进不来，树苗只能靠肩扛，每走一步都很困难。

栽一棵树，深挖1米以上，才能见到湿土层。

他们挖坑、放苗、填土，用汗水在库布其沙漠栽下一

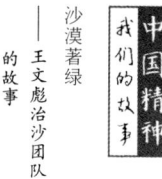

沙漠著绿
——王文彪治沙团队的故事

棵棵希望之树。然而,春天种下的树苗,刚到夏天,就被沙暴狂风吹得无影无踪了。大家辛辛苦苦起早贪黑,顶着火辣辣的太阳,流血流汗,付出和收获却相差甚远:种了好多树,也死了好多树。

看着自己栽种的树苗慢慢枯萎死去,他们心中有着说不出的滋味。

沙漠的日子是苍白的。

朋友给王文彪送来一瓶插花。

王文彪把它放在办公室里,为简陋的办公室平添几分亮色。

成片枯死的沙柳,搅得王文彪心神不宁。

他一直在琢磨,如何才能在沙漠里种活沙柳。他的目光从窗外远处的荒凉沙漠,再收回到室内,落在盛开的那瓶插花上。

鲜花正开,芬芳馥郁。

王文彪忍不住俯下身子,凑近那朵花。

突然,他停下来,两眼直勾勾地盯着插花的玻璃瓶……

王文彪开始到处找废弃的酒瓶。

"王总这是准备改行当废品王了!"有人半开玩笑地说。

王文彪掂了掂手中的废酒瓶,笑而不答。

他找来一堆废酒瓶,灌满水,把杨树苗插进瓶中,种到沙漠里。风一吹,有些瓶子从沙漠里露了出来。没有被吹出来的瓶子,几天后,瓶里的树苗竟然发芽了,沙层以下长满根须。

一丝新绿,给了这些种树人天大的惊喜!

"就用这种办法种树!"王文彪大手一挥。

一瓶水,可以保证树苗一年半的水分营养。到期后,长在瓶口外的根须,就可以从湿沙中汲取营养了。这样,树的成活率一下子提高了不少。

刚开始的时候,他们挖大坑种树,种植得密密的,认为越密越好,可这样做,不仅无法大面积快速种植,而且树苗的成活率只有百分之十左右。

忍受着一次次死苗的折磨,王文彪带领大家摸索着怎样用科学的低成本的方法绿化沙漠。

沙漠著绿
——王文彪治沙团队的故事

穿沙公路刚刚开通，路两边的沙障工程初步做了起来，栽了一些树。那么大面积的沙障，全靠人工操作，一根一根的沙柳捆成捆运到现场，再截成段，三五十厘米一段，然后全部插到沙里。

后来，大家发明了一种更简便的方法：把沙柳捆回来以后，截秆全部打成小捆，平铺到沙上形成网格。

用老方法，一人一天做四五分地，费工费时；用新方法，一般情况下，一人一天能做两亩地。

工序简化了，效果还非常好。

实践出真知

在库布其，每年都会有春季种植大会战。

来自四面八方的农牧民，都会参加绿化沙漠行动。劳动是辛苦的，但劳作之余，劳动者也有休息娱乐的时光。不经意间，一项改变沙漠种植的大发明就诞生了。

在沙漠腹地的某个种植区，大家正围坐在一起吃饭。

高毛虎拿着水管，在沙地上冲出一个深坑，插进去一株树苗；又冲出一个深坑，再插进去一株树苗；再冲出一个深坑……他就这样冲坑插苗，绕着那些农牧民围了一个大圆圈。

这是高毛虎无意中玩起来的一个顽皮游戏。

令所有人没想到的是，他这回栽下的树苗，竟然全都成活了！

消息很快传到王文彪的耳朵里，他二话没说，带上几个技术员赶了过来。

"老高，给我们再演示一下。"

"原来只是闹着玩的，真没想那么多！"

高毛虎憨憨地笑了笑，一边说，一边用水管冲坑插苗。

王文彪瞪大双眼，好像哥伦布发现了新大陆。

他转身对韩美飞说："咱们的'空瓶插柳'还是有很大缺陷，成活率还不够高。你们回去好好研究一下，这沙坑冲多深，苗插进去多深，才能保证树苗更高的成活率！"

2009年10月，王文彪接到一份报告。

他们的治沙种树队伍，发明出一种特殊的沙漠植树法——水气法种沙柳，8～10秒钟就能种一棵沙柳。两人配合，每天可种植20多亩沙柳，比之前的锹挖植树，效率提高了60多倍，更重要的是，它的成活率接近百分之百。

沙漠种树，不再是不计成本地密集种植。他们摸索出经验，比如一亩地种植多少棵，最有利于沙柳吸收水分；

棵与棵之间的间距是多少,也都一清二楚。种一亩沙柳,只花费180多元。较之过去先扎网格再种树苗,每亩可节约成本1800元左右。

这种水冲种植法,迅速在库布其沙漠传播开去。

从此,结束了在沙漠里盲目种树,死了再种、种了再死的老办法。

"太好了!"

王文彪大为振奋,他终于找到了锁住沙漠苍龙的良策!

有了这项新技术,几年下来,节省生态投资5亿多元,提高植树效率几十倍,为大规模治沙绿化找到了科学途径。

韩美飞说:"这个发明完全是逼出来的。我们种了好多树,也死了好多树。我们的资金有限,力量也有限,最终想出了这么一套办法。过去一年几万亩,现在一年几十万亩。"

一位学者看完水气法种沙柳后,不以为然地说:"这个也能算技术?"

王文彪没有正面回答,只讲了一则哥伦布的轶事:

1492年,哥伦布发现了新大陆,成了西班牙的英雄。有些贵族瞧不起他,说这有什么稀罕的,只要坐船出海,谁都会遇到那块陆地。

哥伦布从盘子里拿了颗鸡蛋问:"谁能把这个鸡蛋竖起来?"

鸡蛋从这个人手上传到那个人手上,没有人能把它竖起来。

最后,鸡蛋回到哥伦布手上。哥伦布不慌不忙,把鸡蛋的一头往桌上轻轻一磕,磕破了一点儿壳,鸡蛋就稳稳地立在桌子上了。

看似简单的知识,得来却并非那么容易。

爱迪生为了发明电灯泡进行了上千次实验;法拉第为了得到磁与电之间的关系,同样经过了无数实验。

实践出真知，只有从实践中来，又经过实践检验的理论，才是真正的科学知识。空瓶插柳、水气法种沙柳，这些看似简单的方法，却是他们在几十年的实践中经过无数次失败得来的。

沙漠里走出个科学家

在沙漠里种树,还有很多诀窍。

过去,是在沙漠低凹的地方种树造林。沙漠的风蚀量,大约每年是40~60厘米,插穗长度如果低于40~60厘米,树苗种进去之后,一年就会被风连根给吹出来,吹倒了。现在,树苗成活率非常高,保存率也非常高,可以对整片沙丘进行植树造林。

王文彪登上十多米高的沙丘,指着一排排沙柳,向大家讲解沙峰绿谷的机理:

植树者在迎风坡种下沙柳,种植覆盖到沙丘高度的三分之二。风吹沙丘将尖尖的沙峰逐渐削平,沙子顺坡滚动填平谷底。两三年后,树长沙降,沙柳成荫,起伏的沙丘变得平缓。

现在防沙治沙,主要是生物治沙和工程治沙。

牧民用水气法植柳造林,在沙柳之间种甘草。甘草可以改良土壤、增加土壤肥力以及氮含量,在生态修复中一举多得。经过不断试种,黄芪、麻黄、肉苁蓉、锁阳等药用植物,都被证明适合在改良后的沙地上生长。甘草等固沙植物种植数年之后,沙漠土壤得到改良,为发展生态农业提供了广袤的土地。如今,在库布其一些土壤经过改良的土地上,已经建起现代化的蔬菜大棚,利用节水灌溉技术,长出了香脆可口的瓜果,沙漠变成肥沃的有机田。

工程治沙是在沙障的基础上栽种植物,在沙障中间飞播造林。以路划界,路两边500米以外种树。天气预报有雨,飞机立即"飞播"。夜里风一刮,种子被沙埋上一寸。第二天雨一下,活了。草长起来,整片沙漠绿了……

飞播造林速度快、成本低,播种的全是适沙性的沙生

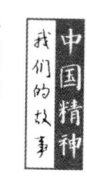

植物。像沙蒿,发芽特别快,降水几毫米就能够发芽。羊柴、花棒也是非常不错的飞播植物。

2015年的一天,王文彪应邀走进北京大学,与学界的一流教授切磋,与那里的莘莘学子畅谈。在介绍王文彪的身份时,主持人郑重地冠以企业家、科学家的双重头衔。

"称我是科学家,受之有愧,我只不过比别人更多一点了解沙漠罢了。"王文彪不无幽默地用他那库布其普通话自我解嘲。

谁知道,此时王文彪的一句玩笑话,背后藏着他多年的心血和汗水。"纸上得来终觉浅,绝知此事要躬行。"王文彪的知识,源于他不断学习,更源于他长期一线的亲身实践。

站在沙漠绿洲边沿,他随手指着一棵树苗,就能讲出一套栽种理论。他用自己坚定有力的步伐,走出了一条"生态与生意"互促共赢的治沙之路,实现了治沙、生态、产业、扶贫四轮驱动的可持续发展。

多年的实践、学习和探索,王文彪已经形成了一套完整的科学理论体系。他先后发表、出版《重新认识沙漠》《荒漠化防治》《沙漠绿色经济》《全球治沙》等一系列防沙治沙专著，有力地支撑和推动了库布其沙漠事业。早在20世纪90年代初，他就提出"沙漠经济学"。经过20多年实践，王文彪喜获丰硕科研成果，并为全球治沙做出了重大贡献。

在世界治沙领域，越来越多的同行提到王文彪，争相学习他的治沙理论和发展经验。

在世界治沙舞台上，王文彪也是个响当当的名字。

有学者开玩笑，哪里要召开治沙大会，如果王文彪不到场，就显得不够权威、缺少分量。

第十二章 不是一个人在战斗

王文彪不是一个人在战斗。

他的身后,有库布其的父老乡亲,还有来自全国各地怀揣梦想的科技精英。

沙漠中的一只虎

王文彪提起高毛虎,总是说:"在沙漠里搞种植绿化,他是一只猛虎。"

高毛虎出生在库布其沙漠的边缘。那里进出沙漠没路,牧民骑骆驼,汉人拉毛驴,去个几十公里外的镇上,最快得一天,还得趁着好天气。

20年前,高毛虎是村里出了名的穷小子。妻子贺改兰看高毛虎为人老实、吃苦耐劳,这才嫁给了他。婚后,他们到独贵塔拉镇上打工,那时恰好王文彪带领大家在沙漠无人区植树造林,夫妇俩抱着试一试的心态,承包了几千亩沙地。

当初进沙漠,只能住在里边。水每天用骆驼驮进来,

——王文彪治沙团队的故事

可以洗手,但洗脸就很费事。早上醒来,得闭着眼睛,先把脸上的沙子拍干净,才能睁开眼。洗澡则是不可能的。

那时,高毛虎也就三十来岁,白白净净的,在沙漠里吃住几个月后,变得黑不溜秋、胡子拉碴的。走进院子,儿子问:"你找谁?"媳妇看到他都不敢认,说:"离远看,感觉说话、走路像,面相上却认不出来了。"

每年春季库布其的种植大会战,都少不了高毛虎的身影。

种树从3月5日就开始,到5月1日左右停工。沙漠里种树,不像种糜子、种谷子,一遍就能成功且当年秋天就有收获。在沙漠里种树,今天种好了,一夜大风刮过,有时连个树苗子都找不见,只好再种。直到沙柳、杨树苗都发芽了,实在是过了种树的时节了,他们再"鸣金收兵"。

前些年,种树还常遇到风沙袭击。一次,高毛虎带着70多人从羊巴线往里走。早上进去的时候天气很好,下午两三点钟突然来了风。除了他和另一个工人,其他人都辨不清方向了。高毛虎费了很大力气,说服大家跟他走,走了一个多小时,才瞭见沙漠边缘的树。

高毛虎种下的树,大概有60000亩。他最喜欢沙漠里面的沙柳、杨树和羊柴。2015年,高毛虎承包了2000亩沙地种梭梭,准备用梭梭嫁接肉苁蓉。梭梭长成需三年,嫁接肉苁蓉后,再过三四年方能收获。如此漫长的等待,是否真能如愿,还未可知,但高毛虎愿意冒这个险。

十几年来,种树彻底改变了高毛虎和家人的命运。

高毛虎的新家在独贵塔拉新镇,是一排排欧式风格别墅中的一幢。他还有几辆车。

或许,跟着王文彪干久了,高毛虎的觉悟也提高了:"不管是为治沙而种树,还是为种树而种树,终归要把沙漠绿化起来。你看,现在夏天了,人们可以在路边歇脚乘凉,多好!"

有绿色就有希望

2011年开春,张喜旺想在沙漠承包种树。

具体的负责人说不行,因为他没有团队,给他也做不下来。

张喜旺憋了一口气,非承包不行。

双方僵持不下时,王文彪来了。

"为啥想种树?"王文彪上下打量着张喜旺。

"别人能行,咱为啥不行?"张喜旺一脸不服气。

王文彪觉得,这个憨厚倔强的沙漠汉子说不定真是个种树的好把式,又问:"你想承包多少?"

"1500亩。"

"不少嘛。你估计多少天能完成?"

"30天。"张喜旺犹豫一下说,"不,40天!"

"给你1100亩。40天能拿下来,明年我和你签更多。"

那一年,张喜旺承包了1100亩,花了43天时间,顺利完工。

王文彪很高兴,又让他在七星湖畔承包种草,张喜旺也种得像模像样。2012年,张喜旺学会了水气法种沙柳技术,又承包了1200亩。当时,那块沙漠缺水,周围工地的农牧民,纷纷退了承包地。

"你们退的,我都要了!"

这样,张喜旺一下子拿到了8000亩水气法种沙柳的种植合同。

沙漠种树,不是一般的苦。队长不是谁想做,就能做的。

张喜旺的工地距离沙漠公路7.5公里,方圆两公里内打不出井。工人没有水喝,吃水全部得用拖车拉着水桶往里运。30多个工人,用3辆拖车,往沙漠里运树苗。工人每天来回步行,光走路也得两个多小时。

有一天,一个工友迷了路。晚上10点多钟,终于联系

上了,他竟然到了10公里外别人家的工地。

"你在那里,别走开!"

张喜旺开着拖车去把他拉回来,回到家已是深夜12点了。

那次真是吓坏了,张喜旺觉得,自己责任重大。如果人走没了,该怎么办?

好在有惊无险。张喜旺躺到床上,松了口气。

以前,张喜旺对固沙植物并不了解。种树时间长了,就认识一些沙漠里面常种的杨树、沙柳等。2012年以后,又接触了羊柴、花棒等。如今,他也算半个"沙生植物通"了。

2015年的一天,王文彪到沙漠工地考察,正好遇到了张喜旺。

王文彪停下脚步,和他聊起来:"这么多年,你种了多少树,有多大面积,自己有没有细算过?"

张喜旺答:"不用说棵就说亩吧,至少有20000亩了。我带这个队伍差不多6年,刚开始只包了700亩;2012年大翻身,一下包了8000亩;2013年又包6000多亩。2014年,把咱们南面属于公司的地,基本上都种完了。今年又在七星湖边种了1500来亩的梭梭。老实说,咱这是头一年接触,以前没听说过这个东西,尝试种一下,看看能不能活。"

"你估计,还能种多少亩?"

"说不好。我今年43岁,凭咱的身体,再干十几年没问题。"

农历六月的阳光,并不太毒。

风扑簌簌刮过来,汗毛也微微地晃动。

库布其天高地阔,正是劳作的好时候。

张喜旺正在种质资源基地里给树苗施肥、锄草。

地头停着一辆长安福特蒙迪欧,像一头壮硕的牛,昭示着这个家庭的幸福与殷实。

张喜旺自豪地说:"王总信任咱,咱也信任他。有他带领着,我们就像沙柳,渴不死也饿不死,给点阳光就活得好好的!"

沙漠著绿
——王文彪治沙团队的故事

自从上了中央电视台的公益广告后,很多记者来库布其,都想见一见名人张喜旺。

见多了记者,张喜旺有了经验,也能对着镜头说两句:

"20多年前的库布其沙漠,没有路,黄沙满天飞,风一刮,连眼窝都睁不开。迎面吹来的沙子,打在脸上像针、像刺在扎你。过去和现在,就是一个冬天,一个春天,就这么大的变化。所以在我心中,慢慢悟出这么一句话:有绿色就有希望。"

细节决定成败

陈步宁在中石化干了18年,其中4年被派到壳牌公司。在壳牌公司,他一直在做煤气化,是国内第一批做大型煤气化的顶尖人物。49岁时,他在国内清洁能源领域已是响当当的人物。

猎头公司最先盯上陈步宁,那个时候,他没有动心。

第一次见到王文彪,两人的交流都非常坦诚。

"他很朴实,朴实的东西最有说服力。"

王文彪以自己的人格魅力打动了陈步宁。

陈步宁在材料化学领域工作30多年。关于绿色能源,国内外的领先技术见过很多,他有信心解决各种技术难题。

对他而言,最大的压力在于责任。4000多人在沙漠施工,需要及时处理现场技术问题,还要确保工程按计划建成投产。

除了出差,陈步宁工作在沙漠,生活在沙漠,丝毫不敢懈怠。

在陈步宁眼中,化工其实很简单,就是"三传一反":传质、传热、传导、反应工程。任何一个化工装置,都跳不出这些。

"我这辈子,就是为技术而生的。"

陈步宁对操作工人讲:"这个车,你知道怎么开,管理人员知道为什么要这么开,而我知道怎么开才能开得最安全、最省油。"

科学家思维的缜密与严谨,在陈步宁身上都很好地体现出来。

"细节决定成败,"他说,"很多人都是万里长征最后两公里没走完。从优秀到卓越,就差那么一点点。搞技术的人再往上走一点,就是顶级专家,但这一点点,能做到的人并不多。"

沙漠经济基地筹建时,总指挥尹铖国问他在考虑什么问题。

陈步宁说:"我在考虑万分之一的概率。万一不成功,我如何保证安全,有什么措施去补救。"他在考虑万分之一的概率时,别人考虑的所有问题,他都已经考虑过了。

陈步宁原来一直生活在南方。

初次到寒冷干燥的北方大漠,对他可是个不小的挑战。刚来沙漠的前三个月,他几乎天天流鼻血,饮食也不习惯。

没过多久,陈步宁发现食堂来了一位湖南籍厨师。

他知道,这是对他的特殊关照,心里暖融融的。

最让陈步宁惦念的是远在老家的母亲。

母亲80多岁了,一身是病。来沙漠不久,正赶上母亲过生日,陈步宁向王文彪请假。

20分钟后,王文彪亲自送来一个红包,让他带给母亲。

王文彪相信:"一个有孝心的人,是能做成大事情的。"

现在，陈步宁是集团副总裁兼总工程师、沙漠经济基地副总指挥。

前仆后继

一位研究企业的学者这样总结:"像高毛虎、张喜旺等,属于牧民中的聪明、勇敢的先行者。他们最早出来种树,跟着王文彪治理沙漠,现在都成了受益者。后来,其他牧民看到他们赚了钱,也跟着加入进来。"

从1988年王文彪第一次走进沙漠腹地的老盐场开始,近三十年过去了。

高毛虎的儿子,现在带着一帮人研究怎么把树种好。

王文彪的儿子和女儿,也在从事着与沙漠密切相关的工作。

随着企业规模的扩大,越来越多的人加入亿利治沙团队。

上至科技博士,下至普通种植工人,王文彪试图把每个人都放到最合适的位置,让他们发挥各自的特长。

王文彪说:"企业就像部队,有冲锋陷阵、攻城夺池的,也有后勤保障的,有侦察探路的,还有后面掩护收尾的……不同位置作用不同,但我们有一个共同的目标,向着胜利勇敢前进。"

"等将来退休了,我还要回到库布其沙漠去种树……"

一生与沙漠打交道,一生在沙漠里种树,在绝望中播种希望。王文彪的坚持,为自己找到了人生目标,也为无数人找到了前进方向。

第十三章 守住底线

每个人都有底线。

守住底线,才会有尊严。

王文彪的底线,就是守护沙漠绿洲。

出离愤怒

员工小贺接到巡逻队的报告,心里咯噔一下,直觉告诉他:这件事情非常严重。

他第一时间向王文彪汇报。

旗里有一位领导,因为要推广农业,竟然铲了集团100亩林地。

尽管早有心理准备,但王文彪的反应还是让小贺很吃惊。

"我从来没有见过他那么生气,拳头紧握,一副要和人拼命的架势。"

"备车,我去找他们!"

愤怒几乎让王文彪失去理智。

他要马上见到那位旗领导,当面质问。

小贺很担心:王文彪会情绪失控,和那位领导打起来。

他想制止,却又咽下了要说出口的话。

此时的王文彪,眼中布满血丝,像一头发怒的雄狮。

没有人能拦得住。

车准备好了。

小贺在王文彪的办公室外犹豫再三,最后还是硬着头皮走了进去。

办公室内异常安静。

王文彪正伏案疾书。

争吵解决不了问题,他要以理服人。

王文彪给市委书记写了一封措辞激烈的信:

"我感到鄙视,这个问题很恶劣。沙漠的老百姓和亿利人几十年来,种一棵树比养一个小孩子还费劲,有人竟一夜之间推毁林地搞农业?"

旗领导也认识到了错误，认为这件事确实做得不对。

不久，时任国家林业局局长贾治邦到库布其视察。

韩美飞反映说："这里由于绿化面积很大，防盗、防火的问题，单靠一家企业，人单力少，管不过来。如果能有森林警察防火、防盗，就好了。"

贾局长很重视，当即拍板说："给你们配！"

在政府部门的支持下，林地派出所很快成立了。

韩美飞说起这件事，还很兴奋："我这个干企业的，在事务上还管着森林警察呢。"

底线

树辛辛苦苦种上了，好不容易成活了。

王文彪反复叮嘱，严禁乱砍滥伐，严禁破坏绿色植被。

2008年国庆节后，王文彪兴致勃勃地下去检查，无意中发现，有人在树林里建了房子，还把周围的树都砍掉了。

一股怒火直冲脑门，王文彪冲着身边的王钟涛说：

"发生了这么严重的事，你们待在这里都没发现吗？要你们这么多人干什么？"

王钟涛赶紧解释："这事和集团领导打过招呼。"

"打过招呼也不行！沙漠生态区里绝不能开这个口子！否则，千辛万苦种下的植被就保不住了。"

"这怎么能怪我？"王钟涛委屈的眼泪唰地落下来。

"干不了别干了,你回家吧!"

大家从来没有见过王文彪发这么大的火。

没有人敢再说话,更没有人敢为王钟涛求情。

过了两天,王文彪气消了,派人把王钟涛从家里叫回来,说:"生态区里绝不能开这个口子,这是红线!谁说都不行,包括我!你以后按照这个命令执行。"

"王总,放心吧。我保证以后再不会发生这种事情了。"

王钟涛从小在沙漠边缘长大,1992年大学毕业后到杭锦旗的老盐场参加工作。这里虽然有人烟,但交通、通信都非常差,晚上还有一种与世隔绝的感觉。7月5日,王钟涛上班的第一天,就产生了辞职的念头。

8月7日晚上,盐场遭遇洪灾,大水把盐场生产的芒硝淹了。一场百年不遇的特大暴雨带来的大洪水,让靠晒硝刚有起色的企业损失巨大。

王文彪鼓励大家:

"这点天灾算什么!咱们很快就能恢复生产。中秋节要到了,厂里准备买几百只羊,给每名职工发一只。"

"船破了还有三千钉子,谁说盐厂垮了?大家放心回家过节。"

几个月后,设备重新运转起来,盐厂恢复了生产。

工人们的信心重新树立起来。

关于这场水灾,王钟涛很难忘掉那一幕:

"防洪的时候,从液压站非常高的地方泄下洪水,把车间两个大储水罐冲落很深。王总着急路过那个地方,突然就掉下去了。情势非常危急,几个工友把他救了上来。那时候,王总才三十多岁。我坚持留下来,一直干到现在,与这段刻骨铭心的记忆有关系。"

王钟涛后来调到集团下属的一家建材刨花板厂,从车间修理工干起,一直做到总经理助理。因为不停地倒班,晚上时间难打发,他烟抽得很厉害。

刨花板厂是最怕着火的单位。一天,厂里突然着火,火势很猛,消防车都来了。经过调查,是维修工在割钢材的时候不小心将火花溅到木材上引燃的。

在安全会上,王文彪质问:"厂里谁抽烟?"

犹豫再三,王钟涛还是如实交代。

"戒掉戒不掉,得看你有没有骨头。有骨头,说戒就戒了。"

王文彪的话,深深刺痛了王钟涛。

从1999年那一天起至今,王钟涛再没碰过一根烟。

如今,王钟涛肩负着沙漠生态区森林监护的重任。

王文彪视沙漠中的每一株草、每一棵树为生命。

谁要拔掉铲除这些树和草,谁就是他的仇人。

为了捍卫这片绿,他可以以命相抵。

这就是王文彪坚守库布其沙漠的底线,谁也不能碰。

至今,那被毁的100亩林地还荒着。

王文彪说:"我也不种了,再种心里很痛苦!"

没有彻骨的爱,就不会有这般彻骨的痛!

数十年来,王文彪风里来沙里去,坚持不懈绿化沙漠。

他比谁都懂得,沙漠里的每一片绿,都浸透着全体员工的血汗,饱蘸着他们对美好生活的憧憬。

第十四章 牧民新村

在王文彪心中,库布其就是他的家。

沙漠里的农牧民,都是他的亲人。

村民们唱起古如歌,载歌载舞。

兴致来时,王文彪也会和牧民大姐跳支舞……

种树到家

库布其沙漠里的独贵塔拉镇道图嘎查村,有一个美丽的汉语译名——"歌的故乡"。这里流传着一首歌谣:"风起明沙到处流,沙压房子人搬走,沙蓬窝窝沙葱菜,养活一代又一代。"这就是昔日大漠生活的真实写照。

年近七旬的蒙古族老人陈宁布,曾经是道图嘎查村的支部书记。

回忆起往事,他这样说:"孩子们还小的时候,刮一晚上风,第二天早上打开门,沙子就进家了。土房的窗子上有三孔玻璃,玻璃上方糊着麻纸,淘气的孩子常常把窗纸捅破让沙子溜进家玩。"

为此,陈宁布没少责骂他们。

沙漠著绿
——王文彪治沙团队的故事

晴天一身土,雨天一身泥。就是产出再多再好的东西,村子里没路,运不出去,也卖不上价。陈宁布一家人靠天吃饭,肚子勉强能填饱。

沙漠将村庄层层围住,离家门最近的那堆沙,眼看着要比房子高了。村子里已经有十多户人家陆续搬迁。今后的日子,该怎么办?

正当他一筹莫展时,王文彪率领的治沙队伍来到了这里,推平了他家门口的沙丘,还开始修路种树。

起初,牧民们并不理解,担心自家的土地被占用,会吃亏。在谁家门前种一棵树,立一根电线杆,都会受到阻挠。

陈宁布只好挨家挨户去做工作。

"咱村义务植树,年年种,年年死。我们种不活,他来就能种活了?"

很多牧民都不相信。

陈宁布苦口婆心地劝:"沙漠离咱们越来越近,再过几年,恐怕连个住的地方都没了。种树固沙,树叶用来养羊,一举多得的好事,咋不干呢?"

牧民相信他们的老支书。村里上至70岁的老人，下至12岁的小孩，纷纷加入了植树队伍。他们背着干粮、水壶，找来骆驼驮上树苗……

这些年，陈宁布种树、种地两不误，一年光种树收入就有七万多，种地的收入也有四万多。他家养的羊，由原来的几十只增加到现在的三四百只。好的时候，一年出栏一两百只，大羊一只700多块，小羊一只400多块，卖羊绒一年还能赚大几千。

陈宁布的腰包，一天天鼓了起来。

这是过去陈宁布想都不敢想的。

"这儿比城里住得舒坦。"

如今，陈宁布住着127平方米的白瓷砖大房子，三室一厅一卫一厨，装修精致，宽敞明亮。房前屋后栽满了树，篱笆围起来的院落，干净敞亮；羊儿咩咩地叫着，大鹅昂首挺胸地踱来踱去。

陈宁布家门前通了公路，走上两公里就上了柏油路。

门前不时有车辆驶过。

"过去，几十米远跑个兔子看得一清二楚，哪有车？村里人有病或者生娃娃去医院，骑骆驼、骑马得走六七个小时，就在这光秃秃的大明沙里有多少人被耽误了性命。曾经有个女大学生来这边探险，受了伤，迷了路，再也没走出沙漠。现在，开车去独贵塔拉镇只有半个小时的路程，怎么可能把人困死？"

陈宁布身体健壮，声音洪亮，咧嘴一笑，露出洁白的牙齿。

日子过得有滋有味，整个人的精神状态就不一样。

他的四个孩子都成了大学生，从沙窝窝里飞出去，找到各自心仪的工作。

道图嘎查村也在不知不觉中发生着变化。

如今，村子四周都是树木和草地，好像住在森林公园里。举目望去，满眼都是绿。很多村民盖起了新房。那些出去打工的年轻人也陆续回到了家乡，有的还成了亿利的员工。

牧民们彻底改变了对王文彪的看法。

大家聚在一起聊天,有人发自肺腑地说:"啥时候见着王总,请他喝蒙古酒!"

村民们的话,传到王文彪耳朵里。

他很激动,说:"有时间一定去看看老书记,看看村里的牧民兄弟。"

业余设计师

一位员工见王文彪总是伏案在图纸上写写画画，好奇地问："王总，你这是要做什么？"

"你猜！"

"在学画？不像！这线条也没啥美感——"员工挠头。

"这是给牧民们设计的房屋！"王文彪兴致勃勃。

"你设计的房屋图纸？"员工有些惊诧。

"怎么？难道说，建筑师一生下来就会绘图？"

王文彪身上总有一股不服输的劲儿，他看准的事情，就勇往直前、坚持到底。

"那些常年住帐篷的牧民，随便给他们盖间房就不错了。"员工不以为然。

"如果要住进去的，是你的父母兄弟呢？"王文彪正色道，"在沙漠里创业，这里的农牧民就是咱们的兄弟姐妹。既然要做，为什么不把它做好？至少要无愧于心吧！"

那段日子，王文彪简直像着了魔，阅读了大量的房屋设计的图书，看了许多经典户型图，还多次向职业设计师请教。

"我们要建的房子不仅要好看，还要实用。华而不实，徒有其表，咱不做！"

王文彪还走访了农牧民，虚心听取他们的意见。

"有卧室、大客厅、厨房，要是还有羊圈、储草窖、菜窖就更好了！"牧民们敞开心扉。

房屋图纸设计出来后，小贺拿去给施工方。施工单位的负责人看罢，好奇地问："你们从哪里请来的设计师？"

"怎么了，哪里有问题？"

小贺有些忐忑，担心王总这个外行班门弄斧。

"瞧瞧，主卧、次卧、厨房都安排得妥妥帖帖，甚至在哪里建牛羊圈都考虑到了。是从北京设计院请来的专家吧？我们都没想这么周到。"

小贺乐了，说："设计师不是从北京请来的，就是我们王总。"

一幢幢房子盖起来，沙漠里的牧民新村建好了。

这时，王文彪提出了一个要求：新村民首先人品要好，诚实善良，孝敬父母，善待子女，与人为善……

36户牧民统一迁进了牧民新村。过去，他们分散居住在沙漠里，过着传统、闭塞、原始的游牧生活；现在，家家户户安上了电视、电话和自来水，过上了城里人的生活。

同时，在新村周围，蔬菜大棚和养殖场也兴建了起来。另外，道图嘎查活动中心也配套建了起来，集办公、文化、教育、医疗、商贸、电影、娱乐为一体。新村的居民，还积极参与到当地旅游产业的培训学习，发展起了农家乐、牧家乐。

在这里，大家觉得，日子明亮得耀眼。

家乡的事也要做

第一条穿沙公路即将建成通车的时候,王文彪驱车去考察。

突然,一位蒙古族老大娘领着两个小孩子跑到王文彪身边:"王总,是王总吧?"

王文彪被吓了一跳,急忙扶住老大娘:"老人家,我是王文彪。有什么事需要帮忙吗?"

"孩子们,快,快给王叔叔磕头。"

"老人家,这是为什么呢?"王文彪一把抱起要下跪的孩子。

老太太早已满眼噙泪,紧紧攥着王文彪的双手:"就让我这俩孙子给你磕个头吧。要不是你修了这条路,他们可能一辈子也出不了沙漠。你就是我们的恩人啊！"

一瞬间，王文彪竟然说不出话来。

沙漠里的农牧民都很纯朴，你为他们做点事，他们会永远感激你。王文彪说，这是让他最感动的。

一天，王文彪和几个同事到了七星湖畔的一处旅游景点。

沙梁低缓起伏，顾客三五成群。一个扎羊角辫、眉心点了红痣的小女孩骑在骆驼上，笑得前仰后合。旁边年轻的母亲，举起相机为她留下幸福的纪念。

一位拉着骆驼正招揽顾客的小伙子，从王文彪身旁经过。

王文彪兴致勃勃地问："老乡，骑一次骆驼多少钱？"

"100块。"

"啊？你把骆驼卖了也不值500块，我骑一次你就要100块。"王文彪有意逗骆驼的主人。

"你随便问，都是这个价。我不会多要你的。"小伙子认真地说。

王文彪扭身对尹铖国说:"还说我们的牧民不会赚钱,我看赚得不少。"

尹铖国故意冷冷地说:"你应该知道他们为什么这么会赚钱。"

"为什么?"

"这可全都是让你给培训的,当初——"

王文彪恍然大悟:

牧民新村开始搞旅游的时候,他专门配了一个管委会。管委会把牧民新村的牧民领到北京,住到北京的大酒店里,还专门带大家到长城周边大的旅游景点去参观考察,看看人家是怎么样掏游客腰包的。

——原来这主意还是自己出的。

王文彪点点头:"看他们挺来劲的啊!"

尹铖国笑道:"你这个'速成班'效果很好啊。"

38岁的牧民孟克达来正载着游客在沙漠里冲沙玩。

这里,不仅仅是展示勇敢的场所,而且也是显示驾车技术的舞台。当车子冲上沙丘的一刹那,车里面的人会不自主地发出惊呼。眨眼间,车子又飞快地滑下沙丘,让人有种坐过山车般失重的感觉。翻车和爆胎是开车常见的事故,有时经验稍差些的司机,在冲沙过程中会出现对地形判断失误或瞬间的迟疑,导致车子瘫痪。

孟克达来兴奋地介绍道:"以前到旗里要穿沙漠、渡黄河,得用一天多的时间;现在一脚油门,一个多小时就到!"

闲暇时,他会驾驶着越野车,在穿沙公路上飞驰。

对这条生命之路,这位土生土长的沙漠汉子,有着特殊的感情。

22年前,沙漠里没有路,他的父亲得了阑尾炎,在镇上的一个私人门诊看病,不舍得用麻药。割开之后,医生才发现病情严重,不敢动手术,只好又缝合起来。哥哥陪父亲穿过茫茫大漠,渡过黄河,去巴彦淖尔五原县做手术,一去就是十几天。那时,孟克达来才十几岁,在家里焦急地等待,每天都爬到沙丘上看着远方……

每每想起这件事,这位刚强的蒙古汉子都会落泪。

为肯定亿利人几十年如一日防沙治沙的功绩,杭锦旗党委和政府,携13万家乡父老于2003年在库布其沙漠树立了治沙功勋碑。

碑文正面刻着"绿化了一座沙漠,激活了一块产业,富裕了一方百姓,振兴了一方经济"28个大字。

背面碑文共457个字,记述了亿利人1988年扎根库布其大漠以来,治沙修路、兴业富民、与民谋利、造福乡里的感人事迹。

碑文气势雄浑,催人泪下,激人奋进。

转眼,十几年过去了。

春季的库布其,绿浪与黄沙交织。

落日余晖,沙丘弧线上映出的不再是凄美的驼影,而是越野车强悍的靓姿。

远处的牧民新村,传来古如歌的悠长曲调。

第十五章 天堑变通途

整整三年,上中学的王文彪,几乎每个月都要走一段相同的沙路。

他看过波澜不惊、暗潮涌动的黄河,也看过冰凌四溢、凶险异常的黄河。

他恨沙漠,甚至梦想:什么时候风沙不再堵塞河道?黄河不再泥沙泛滥,变得清澈见底、取瓢可饮?

往事并不如烟

1998年,为了保障老盐场的产品能运送到最近的火车站,王文彪筹建了独贵塔拉奎素浮箱桥。既没有管理经验,又缺乏维修资金,建好的这座黄河浮桥只能勉强运行。一班人得昼夜守桥,前面走车后面修补,一连数日不能休息,更不能离开。

有人打趣说,他们是一支守桥部队。

冬季的一个晚上,盐场职工王瑞杰带领6名工作人员值班。晚上大约8点钟,巨大的冰块突然将浮桥和桥上的7名工作人员冲向河心。为了不给救援人员带来危险,他们做出决定:在流凌的黄河上苦挨一个冰冷的夜晚,等到第二天早上再开始呼救。次日上午9点钟,这些勇士才被救上

沙漠著绿
——王文彪治沙团队的故事

了河岸。

王文彪知道这件事后,沉默许久。

从前,这里没有桥,人们主要靠渡船来往。遇到黄河洪水泛滥,就只能望河兴叹,干瞪着眼,枯等苦等。

初中毕业那年,王文彪以优异的成绩考上了旗重点中学。那里离王文彪的家,直线距离为100多公里,但若想去读书,就必须绕道300多公里。根本没有一条像样的公路,骑自行车或坐长途客车想都别想。王文彪不得不忍痛放弃了到重点中学读书的机会,而选择了一所离家近的普通学校读书。

他18岁那年,因为沙尘暴袭击,大量沙子堵塞河道,黄河又一次断流了。如果上游遭遇暴雨,洪水奔泻至此,会因沙子堵塞而河水溢出。黄河两岸的庄稼和村落,都将惨遭吞噬。

当地政府组织群众开展黄河挖沙行动。四邻八乡的农牧民拿着铁锹、镐头,用扁担挑着竹筐,汇集在黄河河道。人们把堆积在河道上的沙一锹锹挖出来,再一担担、一筐筐挑着转移到河岸上。

刚刚高中毕业走出校门的王文彪，也加入了挖沙大军。

"终日握笔杆的手，哪来力气担沙？"身边的牧民和他开玩笑。

王文彪不服气，挑起两筐沙子就走。

虽然已经长成一米八几的大个儿，但肩膀依然稚嫩。

几趟下来，王文彪口干舌燥，豆大的汗珠顺着额头、鬓角，滴滴答答往下掉。

沉甸甸的沙筐，仿佛有千斤重，他感觉腰都被压得发出了嘎吱的声音。

不知不觉中，太阳从东方移到了西边。

"小伙子干半天了，来休息一会儿。"有人招呼王文彪，"你识文断字，知道黄河是怎么回事吗？"

"黄河，中国北部的一条大河，全长约5464公里，流域面积约75万平方公里。它是世界第五条大长河，在中国排第二。由于河流中段流经中国黄土高原地区，因此夹带

沙漠著绿
——王文彪治沙团队的故事

了大量的泥沙,所以黄河也被称为世界上含沙量最多的河流……"

这都是王文彪从书本里学到的知识。

"哎哟,看来你爹妈的学费没白交。"有人说,"黄河年年被沙堵,苦了咱方圆几十里的老百姓。大学生,啥时候把这沙给治住,才算你有本事。"

王文彪一时语塞。

如何治沙?如何治理黄河?

对他而言,这些问题来得太早,也太大了。

"学知识就是要用的。你一肚子墨水用不上,不等于白学?"有人嬉笑。

王文彪没有回答,他默默转身,继续咬牙担沙。

身后传来重重的叹息:"老百姓命里就得挖沙吃苦,爷爷这样过来,轮到儿子孙子也得这样过。有什么办法啊?"

一天的劳作结束了。

王文彪站在黄河岸边,他的眼前身后,是无数担沙人沉重的脚印。

什么时候风沙不再堵塞河道?

什么时候黄河不再泥沙泛滥,变得清澈见底、取瓢可饮?

还只有18岁的王文彪,能做什么呢?

亿利黄河大桥

黄河河道最宽的河段,是河南省孟津县白鹤镇至山东省东明县高村河段,两岸堤距宽5～20公里。最宽处为河南省长垣县大车集,两岸相距20公里。

自古以来,生活在黄河两岸的人们,就盼望着能在黄河上架一座桥。

这也是王文彪多年的心愿。

他在等一个机会,只要有机会,他会像猎豹一样主动出击。

然而,这个机会一等就是8年。

内蒙古自治区路网规划中,有要在黄河上修一座桥的设想。王文彪立即主动请缨:建桥的钱亿利来掏。

有人说,王文彪在犯傻,他沙漠骆驼的执拗劲又来了,是钱多得没处花。

王文彪说:"这是利国利民的好事,我犯点傻,值!"

他投入十二分的热情与精力,在多方积极协调下,建桥的第一笔资金很快到位。

2008年5月9日,在鞭炮声中,大桥顺利开工。历时28个月建设,总投资2.97亿元的亿利黄河大桥,于2010年9月20日建成通车。

亿利黄河大桥,位于黄河内蒙古段三湖河口水文站下游约2.25公里处。这里河道弯曲、淤积沙多,是内蒙古凌灾严重的河段之一。亿利黄河大桥连接了京藏高速、110国道等多条交通要道。大桥贯通后,黄河南北岸通行时间由原来的两小时缩短至15分钟,对于推动包头、鄂尔多斯、巴彦淖尔三市的发展,起到了积极的作用。

有人专门来看风景,还有诗人忍不住大声赞叹:"金桥接通穿沙路,跨越天堑便出行。"

一位游记作者更是这样写道:

沙漠著绿
——王文彪治沙团队的故事

"在瑰丽的夕阳下，容光焕发的亿利黄河大桥以它英姿勃发的姿态展现在我们眼前。由东向西延伸的大桥，柏油铺就的桥面平坦且视觉开阔，93根大型风光互补式节能灯在阳光下肃穆威严，犹如庄严的卫士屹立在大桥两侧，把大桥装点得雄伟壮丽、气度非凡。站在桥上，遥看由北向南奔腾的黄河水，倾听两岸芦花与咆哮的水声和鸣，让人顿觉心旷神怡。"

修建亿利黄河大桥，对王文彪来说意义深远，它是库布其农牧民走出沙漠、走向外面世界的桥梁。

偶尔路过亿利黄河大桥，王文彪会专门停下来，在桥上走一走、看一看：

"一桥飞架南北，天堑变通途，黄河涛声犹如汹涌澎湃的现代交响乐。

"河水涌流湍急，伸向夕阳下的东方山川；然后，南下深邃的晋陕峡谷,再折向东流入海。

"阴山耸立,静静地目送黄河远去。"

王文彪的思绪,随着黄河水奔腾向远方。

他知道,黄河的远方,是大海。

第十六章 十年树木，百年树人

再苦不能苦孩子,
再穷不能穷教育!
这不是挂在墙上的漂亮口号,
而是实实在在的行动。

家乡的孩子们

小男孩孟祥现在和爷爷奶奶同住。

他的爸爸妈妈原来在鄂尔多斯打工。孟祥1岁多时,爸爸回老家帮家人收割庄稼,他开的小车与一辆大车相撞,不幸身亡。孟祥的妈妈无法接受残酷的现实,撂下孩子狠心回了甘肃娘家。

小孟祥一天天长大,晚上他常常躺在床上,问:

"奶奶,知道我在想什么吗?"

"想老师和同学,想作业。"奶奶猜。

小孟祥伏在奶奶耳边说:"我想爸爸。"

奶奶的心像被针扎一般。

自从小孟祥爸爸去世后,爷爷奶奶一直瞒着他:"你

沙漠著绿
——王文彪治沙团队的故事

爸爸出国工作了,人家不让回来。"

这个谎一撒就是五六年,两位老人不知道还要撒到何时。终将有一天,小孟祥会突然明白:他的父亲再也回不来了。

郝敏的父母离异,父亲出走多年,至今未回。母亲不愿带孩子,郝敏就一直由爷爷奶奶抚养。爷爷奶奶因家庭困难,至今未交养老保险。郝敏学习成绩优异,被称为班级里的"双百王"。

王佳,16岁,家住独贵塔拉镇杭锦淖尔村,在村里的小学读到三年级时,转到镇上的学校。在她读初二时,黄河决堤了。

王佳永远都不会忘记那可怕的一幕:

裹挟着硕大冰块的洪水,像失控的怪兽,淹没了庄稼,吞没了大树,冲毁了高墙麦垛,从门缝和窗户闯进来。很多人还在睡梦中,猛然睁眼却发现,床已浸泡在满是冰凌和杂物的混浊污水中,住了几十年的房屋摇摇欲坠……

灾难不期而至。

惊呼声，痛哭声，奔跑声，鸡飞狗跳声……所有的人都不知所措。苍天啊，到底发生了什么事？这冰凌大水从何而来？

王佳冒险跑到独贵塔拉镇上。

学校被冲垮了，破旧的桌椅在污浊的冰水中东倒西歪。一本残破的书漂至她面前，她弯腰捡起，上面的字迹已经模糊不清。

"没有了学校，我可怎么上学啊！"王佳忍不住抹起了眼泪。

一双有力的手搭在她瘦小的肩膀上："孩子别哭，学校垮了，咱就再建一所。"

王佳扭回头，看到了身材魁伟的王文彪。

夙愿成真

事情从2008年3月20日说起,那一天,黄河杭锦旗独贵塔拉镇奎素段溃堤了。

河水夹杂着大小冰块滚滚而来,势不可挡。

独贵塔拉镇遭遇几十年来范围最广、最严重的一次凌汛,受灾群众10000多人,房屋被淹,交通中断,缺水断电,食宿困难。

受灾地区就处于亿利历经10多年治理的库布其沙漠北端。

王文彪闻讯而动,派出两位干部一大早就赶到灾区。

眼前的情景让他们震惊:

洪水四处漫延。3月的北方依然寒冷,村庄被毁,房屋倒塌。年迈的老人裹着单薄的被褥，声嘶力竭哭喊着的孩子在冷风中冻得瑟瑟发抖。

王文彪决定：开放七星湖旅游住宅区，砍掉暖棚里的蔬菜，供受灾群众取暖和住宿。

公司的一位干部迟疑着说："王总，这样做不合适吧？"

王文彪两眼一瞪，说：

"什么才叫合适？你能忍心看着他们挨饿受冻？"

王文彪成了受灾现场的临时指挥员。

他调运各种食品和生产生活物资，让七星湖旅游区所有餐厅为受灾群众免费提供饮食服务。2900多件防寒衣物，3000多双防寒鞋，1000多箱应急药品、方便面、矿泉水、面包等，被及时送到了受灾群众的手里。

"谢谢，谢谢。"一位头发花白的大爷，热泪盈眶地从王文彪手中接过防寒衣和防寒鞋。

"应该的，应该的！"

这是王文彪那天说得最多的话。

洪水退去后，好几所学校都不能再使用了。

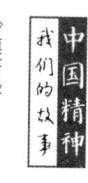

王文彪没有忘记对王佳的承诺。

为了尽一份对家乡父老的感恩之心,为了让家乡的孩子上个好学校,他决定捐资重建学校。

2008年7月开工,2009年7月投入使用。

这就是现在远近闻名的沙漠学校——亿利东方学校。

小孟祥、郝敏、王佳在这里开始了新的读书生活。

在小孟祥眼中,这是一件非常神奇的事情。

仿佛一夜之间,沙漠里就建起了一所敞亮的学校:气派的教学大楼,宽敞明亮的教室,带有各种先进教学仪器的实验室,摆满了新书的图书馆,宽阔的足球场,漂亮的绿草地……哎呀,学校简直就像电影、电视里看到的那个样子!

性格沉稳的郝敏说:

"以前的学校很旧,最怕上体育课。因为跑道上面都是小石子,跑步时一不留神就摔倒了,我每次跑步都要全神贯注。到新学校后,上体育课再也不用担心摔倒了,操场上现在用的是塑胶跑道。"

"以前在学校上课,一刮风,眼睛都睁不开。现在虽然也有风,但我们所有的活动都在教学楼里,再也不怕了。"

王佳自豪地说:

"以前很多同学容易得肠胃炎,因为饭菜不干净。现在吃得非常好,六菜一汤,同学们也不闹肠胃病了。"

"很多转到其他学校的同学都后悔了,都想来我们学校读书呢。"

王佳的近期愿望是考进鄂尔多斯市一中,那是市里最好的中学。她希望将来能考上国内一流的大学,毕业以后回来建设家乡。

王文彪在日记中写道:

"最近,我们为沙漠的农牧民建成了一座'贵族'学校,学校的软硬件都很好。今年开学,我们公开招聘了老师,他们的年薪都在10万元以上,有的老师年薪达到20万元。希望全国的有识之师能到沙漠给牧民的孩子教书。"

沙漠著绿
——王文彪治沙团队的故事

学校建成后,王文彪多次自掏腰包,捐助图书和学习用品。偶尔,他也会放下手头的工作,到学校里走走看看。

每次看到朝气蓬勃、健康快乐的孩子们,王文彪就会想到库布其美好的明天!

第十七章 和谐共生

人类应当与沙漠和谐共生,既要避免"沙进人退",也不要盲目地"向沙漠进军"。未来人类社会的发展,有赖于人类同自然界的和谐共生。

仙鹤归来

一天早上,王文彪坐车赶往七星湖游览区,突然看到公路上横躺着一只被撞死的野鸡。

他急忙让司机停车。

两个人小心地把野鸡移到路边,用沙埋了。

王文彪连连叹息:"可惜,太可惜了!"

司机觉得,他这个样子有点小题大做,说:"不就是一只野鸡嘛。"

"你知道在沙漠里一只野鸡长大长成,有多难吗?"

还有一次,夜行途中,司机忽然减缓车速,悄声说:"看,那是什么?"

在穿沙公路中间,立着一只动物,正不知所措地望着他们。也许,它是被这辆疾驰而来的"铁家伙"吓蒙了。

"像头小鹿。小心,别吓着它!"王文彪提醒。

司机闪了一下车灯,小动物似乎猛然惊醒,闪身跑进草丛。

"要是野兔,车辆突然出现,它肯定被吓傻。所以,总会有兔子被车撞死的事情发生。"王文彪仔细解释,"野鸡不怕人,遇到车也不知道躲。动物晚上追光,难免被撞死。以后,晚上开车尽量小心,避让一下这些动物。"

司机也是个有心人,每天都要在沙漠里跑上几个来回,已经习惯性地减速,为公路上不时跑过的野鸡、刺猬和狐狸等让路。

2013年夏天,库布其沙漠迎来了新的客人——两只美丽的仙鹤,它们每天在七星湖畔漫步、觅食。

听到这个消息,王文彪非常激动:"知道吗?这可能是千年以来库布其沙漠首次迎来仙鹤的回归。"

鸟类曾在库布其绝迹,雁群也会绕过沙漠飞行。

因为沙漠里没有食物,没有水,没有可以栖息的地方。

30年来,库布其沙漠的生态环境发生了翻天覆地的变化。

沙尘暴次数从过去的一年70～80次,变为现在基本没有。降雨量从过去每年70多毫米,到现在每年超过300毫米。

随着6000多平方公里绿洲的出现,绝迹100多年的狼、狐狸、天鹅、山鸡、野兔等野生动物和沙冬青、梭梭等野生植物重新出现,并且数量在不断增多。

随着降水量的增加和整体生态环境的修复,库布其沙漠中几个湖泊的生态环境也得到了明显的改善。

每年的三四月间,一大群天鹅从南方飞来,在这里歇脚。牧民欣喜地把它们看作"美丽的天使",视作"吉祥的象征"。

2014年,库布其沙漠又出现了成群的仙鹤。

漫漫黄沙间,镶嵌着七个深蓝色的湖泊。

黄沙无声,湖泊里天鹅、野鸭快乐地游弋。

这些天鹅、野鸭对紧邻它们的黄沙,也并不陌生吧?

不知它们有没有想过,去沙里踩踩细沙,在柔软的沙子里打几个滚。

在库布其治沙博物馆,有许多沙漠动物的标本。

讲解员说,如果库布其沙漠有狼出现,就说明这里的生物圈形成了。因为狼处于食物链的顶层,有充足的食物时它才会来,才会在这里生活下去。

今天的库布其,林间草地上经常能看到野兔的身影,运气好的话,还能看到天鹅在七星湖上畅游嬉戏。

"人与动物的和谐共生,不应只停留在口头上,而应落实在具体的行动中。"对此,王文彪充满信心,"未来,一定还会有更多的动物出现在库布其。"

格桑花开

王文彪深爱着沙漠,对沙生植物如数家珍。

沙葱在沙土中埋几年,还可能发芽。因其纤细清秀,叶色翠绿,花色呈淡紫色至紫红色,美丽别致,是优良的花坛或盆栽植物。

王文彪小的时候,沙葱是常吃的家常菜。

腌制的沙葱,色泽深绿,质地脆嫩,口感清爽。

那时候,王文彪并不知道,它不仅可以用来做各种佳肴,还有很高的药用价值。

沙葱富含多种维生素,对降血压有一定的疗效。腌制的沙葱,还有助于健胃消食,可谓佳品。

与沙葱一字之差的,是沙盖,生长于半固定与流动的沙丘上。沙盖不需要施肥浇水，牛羊驴马不啃不吃，因其有一股刺鼻的特殊味道。人若闻了，会呛得掉眼泪、打喷嚏。沙盖不长虫子，蚊蝇不沾身，是最纯正的绿色食品。

新鲜的沙盖，可以腌制储存，以备过冬之需。其叶片肉质肥厚，有芥末般的辣味。幼苗茎叶和成株嫩叶，可炒食或凉拌。

凉拌的沙盖，类似咸菜，酸甜清爽，味美入喉。沙盖也是沙漠地区人们喜食的一道名菜。

沙盖现在已进入大雅之堂，颇受酒店食客的欢迎。吃腻了生猛海鲜的现代人，吃碗沙盖拌面疙瘩，既清淡又解酒，肠胃负荷可以有效减轻。

王文彪心底里很感激沙盖，因为在"三年困难时期"它曾救过库布其人的命。

八瓣梅，又叫格桑花。

关于它，还有一个美丽的传说：

很久以前，藏族地区爆发了一场严重的瘟疫，人们一批批地死去。当时的部落首领想尽了一切办法,也无济于事。有一天,一位高僧途经这里,利用当地的一种植物治愈了大家,赶走了瘟疫。为了给老百姓治病,这位高僧积劳成疾,不久就离开了人世。由于语言不通,人们对这位高僧的唯一印象,就是他嘴里常说到的"格桑"——用来治病的植物。后来,人们就把一切象征希望和幸福的美好事物,称作"格桑",而草原上最美丽的花,则被称为"格桑花"。

2016年的一天,王文彪想起了这个美丽的传说,他要在库布其沙漠公路两旁种上鲜花,让不远万里来到此地的世界贵宾,一眼就看到鲜花。

已是深夜了,可王文彪还是拨通了韩美飞的电话……很快,穿沙公路两旁就种起了各种各样的花草,其中就有格桑花摇曳的倩影。

在"大漠草堂"入口的穿沙公路旁,有成行的羊柴由近及远,像远去的公路那样望不到尽头。驱车行驶在穿沙

沙漠著绿
——王文彪治沙团队的故事

公路上，不时也可以看到羊柴的身影。它是平民化的，不昂贵，不高贵，碧绿的叶子，小小的粉红色的花朵，一簇簇的，一点也不嚣张。

羊柴又名杨柴，属多年生半灌木。羊柴根系发达，具有地下茎，有很强的繁殖能力，是防风固沙和治理水土流失的理想植物。另外，羊柴干草的适口性好，是一种优良饲料。

当然，除了这些外，还有大名鼎鼎的梭梭。刚从沙里长出来的梭梭，嫩嫩的一缕，几片纯青的小叶子，让人担忧不小心一脚踩下去，就会要了它的命。

说到梭梭，就不能不说肉苁蓉。肉苁蓉，素有"沙漠人参"之称，具有极高的药用价值，经常食用可增加体力、增强耐力，还可抵抗体虚疲劳。

沙漠里当然还少不了沙冬青。它为常绿超旱生植物，喜沙砾质土壤，种子吸水力强，发芽迅速。幼苗能抗零下20℃低温，不受冻害。沙冬青有庞大的根系，可以生存在极端干旱的荒山和石质戈壁上，防风固沙性能好。

沙蒿,是游客在库布其沙漠经常可以看到的植物,老枝灰黄色,嫩枝鲜黄色或黄白色,常为牛羊等的冬季饲料。沙蒿会侵食四周其他植物的营养和水分。沙蒿多的地方,一般树苗都种不活。在沙蒿的青绿时期,因其气味重而苦,只有骆驼一年四季食之。我国西北地区,很早就有利用沙蒿籽做面条的习惯。

为了更多地了解沙生植物,王文彪在七星湖沙漠酒店的东侧,建起占地1600平方米的沙漠植物馆。馆中包含了大洋洲、非洲、美洲、亚洲等几大洲约400种沙生植物。这些植物,在供人们观赏的同时,也通过光合作用不断地吸收二氧化碳,释放出氧气,让七星湖沙漠酒店的空气倍加清新。

王文彪喜爱这些从沙漠里长出来的植物。

它们不仅形状独特,那种在荒漠里活泼泼的生存精神,更令人感怀不已。

王文彪希望:

那些自叹生不逢时、时运不济的当代年轻人,有空的话，不妨到库布其沙漠走一走、看一看，一定会获得很多勇气和力量。

师法自然

沙子究竟有什么用?

为了研究这个问题,王文彪成立了沙漠材料中试基地。他从世界各地招聘来许多优秀人才,请他们进行研发设计。

在他的敦促下,基地研发出了多种沙质材料。利用沙子和粉煤灰等工业废料和沙生植物的木屑,变害为利、变废为宝,开发了技术领先的防火保温装饰一体化复合板材、二氧化硅纳米色釉、高性能覆膜砂(石油压裂支撑剂)、沙漠质感涂料等系列产品。目前,沙质材料自主创新的项目,已申报国家专利41项。这些创新研发,为中国的城镇化建设提供了造价低、质量好、外观美、无污染、无辐射、高环保的建筑新材料。

不仅如此,王文彪还邀请各个大学美术系的优秀学生来沙漠基地实习,请他们充分发挥想象力,利用沙质材料来搞创新。很多大学生的灵感,最后都变成了精美的沙漠艺术品。在艺术展厅里,陈列的件件沙漠艺术品,造型优美独特,内涵丰富,色泽亮丽,颇具收藏价值,成为旅游者来库布其游玩纪念、馈赠亲友的不错选择。

从前,王文彪憎恨沙漠,渴望像变魔术一样,把沙漠从自己的视野中抹去。如今,他提出了人类应当与沙漠和谐共生的理念,既要避免"沙进人退",也不要盲目地"向沙漠进军"。他深知:未来人类社会的发展,有赖于人类同自然界的和谐相处。

第十八章 功夫在诗外

读书与不读书,读书多与读书少的人,所表现出的气质与素质是绝不相同的。

在给亿利东方学校的孩子们讲课时,王文彪谈到了他的阅读经验:"读书不要问结果,只管读就行了。读完以后,一定要善于总结,肯定会对自己有帮助的。"

坚持读书

王文彪的业余生活特别简单。

周末大都用来看书,偶尔也练练毛笔字。

凡是他看过的书,都做笔记,他家里的读书笔记有好几箱。读书做笔记,是他多年养成的习惯。

虽然工作繁忙,王文彪仍坚持每天戴耳机听《资治通鉴》《二十四史》,散步时听,乘车时、坐飞机时也在听。

首先,用耳机听。听不太懂,他就在互联网上看,再就是读原著。王文彪按照自己的学习进度,仔细翻阅对照,看别人讲的和书上说的有何差异。他把《资治通鉴》通读了三遍,很多故事都记在心里。这些史书内容博大精深,让王文彪开阔了心胸,对人生、对社会有了新的领悟。

王文彪还研究过《易经》。《易经》想解决什么问题，每个卦是怎么来的，他对此很有见解。《易经》六十四卦，卦卦有吉有凶。有凶必有吉，有吉必有凶，吉凶可以相互转化，就像月亮有圆就有缺。但他记得，只有一卦没有凶，那就是谦卦。

谦卦是《易经》第十五卦。上卦为坤为地，下卦为艮为山。谦卦艮下坤上，为地下有山之象。山本高大，但处于地下，高大显示不出来，此在人则象征德行很高，但能自觉地不显扬。谦卦，展示谦的形势下各种变化的可能性，象征谦虚卑退之意，有谦德之君子，万事皆能亨通，而且行谦有始有终。谦卦的每个爻都是吉，从中可以看到，谦卑是最有益的为人处世之道。

整部《易经》，王文彪最认同"谦"。他说，"苹果"手机标识被咬了一口，借鉴的就是谦卦的哲学思想，意味着创新永无止境，永远有提升空间。

王文彪在演讲中还经常会提及《史记》《春秋》《诗经》《礼记》《管子》等书中的典故和名言。他把儒家思想中的许多内容，视为企业管理资源。

  王文彪研究企业管理注重读史读经，很多人很不理解。可他却说，中国古代的国学典籍表面上看与企业管理毫无关系，实际上却能拓宽人生境界：企业最重要的人力资源，要是能让员工都从心底里理解"老实厚道、锲而不舍、敢为人先、艰苦奋斗、爱国忠诚"，企业的创新发展又有什么难的呢？

读书和实践

自学对于王文彪来说，早已是驾轻就熟的平常事。

别人围着牌桌，脸上贴满纸条时，他在看书；别人打鼾睡觉时，他在看书；别人闲暇度假时，他在学习……

熟悉王文彪的同事，回忆起来印象最深的，就是他静静读书的样子。

从1999年开始，王文彪就开始全面治理沙漠了。但是，1.86万平方公里的库布其沙漠，究竟以什么模式，怎么治理，脑子里要想得很清楚，方案要规划得很具体。若不然，在漫无边际的沙漠种一棵树、一片林，很快就会被风沙穿透、淹没，树苗也会被连根拔起。

如何让这种徒劳无功的事情不再发生？如何真正让沙

漠变成绿洲呢?

"化整为零,各个击破。"

《孙子兵法》为王文彪打开了治沙的思路,一个宏大的战略规划逐渐在他脑海里呈现:

先沿黄河岸建一条长长的锁边林,锁住风沙;然后大规模进军沙漠,通过在沙漠里修筑多条公路,以路划区,分而治之,并沿路通电、通水、扎网格,大规模种树、种草、种药材,把大沙漠化整为零,分片种植。

2000年,亿利总部搬到北京,王文彪面临许多新的挑战。这个时候,他做梦也没想到,自己的第一个挑战竟然是语言关。

王文彪长期生活在库布其,地方口音很重。为了企业上市,为了向主管部门汇报工作,他把自己关在屋里,一连三天练习普通话。听到负责清洁的大妈地道的京腔京韵,有时,他还会踱步过去和大妈聊聊天,偷学几句北京普通话。

2007年，48岁的王文彪走进清华大学，成为该校经济管理学院的一名学生。离开校门20多年后，又重新捧起课本，这让王文彪感慨良多：

"这两年在清华读EMBA，我确实开阔了眼界。企业管理是一门大学问，需要很综合、很宽泛的知识和信息来支撑你的决策。眼界有多高，事业才能做多大。要有全球化的思维和国际化的理念，要对全世界社会经济形态有深入理解，若只坐在沙漠里，你做出的决策肯定就只有沙漠那么大。清华的EMBA，改变了我的思维模式，管理和发展企业，就是应该国际化、现代化、信息化。"

学海无涯

王文彪有向别人荐书的嗜好。

发现一部好书,他总会热情地向适合阅读的人推荐。他经常向女儿和儿子荐书。每年,他还会自己掏钱买书,当作新年礼物送给员工。

王文彪还督促他的管理团队学习。

每个周末,集团会请各行各业的专家学者来公司讲课,给员工进行专业培训。王文彪也会和大家一起听课。

一次,因为有重要会议要参加,他不得不中途离开,王文彪向老师请假:"后面的大致内容是不是这些……"他一一说出,授课的老师大为震惊,那正是老师精心准备要讲的东西。

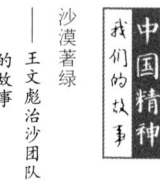

沙漠著绿
——王文彪治沙团队的故事

与一些企业家朋友聊天,当听到他们说因为太忙,已经多年无暇读书时,王文彪总是笑而不语。

只有不断地学习,才能跟上时代的步伐。一有时间,他就如饥似渴阅读。看到与沙漠有关的书,他的眼更会放光。

多年的坚持,大量的阅读,加上非一般人所能拥有的实践经验,让王文彪博览群书、涉猎广泛,可以和世界上最优秀的科学家自如对话。

在给亿利东方学校的孩子们讲课时,王文彪谈到了他的阅读经验:

"读书不要问结果,只管读就行了。读完以后,一定要善于总结,肯定会对自己有帮助的。

"学习就像看书,看过一页就翻过去,一页一页翻看,知识在无形之中积淀,进入大脑的数据库。等你需要时,它就会自己蹦出来!"

第十九章 报效祖国

中国是世界上荒漠化最严重的国家之一。自20世纪70年代以来，土地沙化面积每年以近2500平方公里的速度在扩大。每年春季，中国北方地区都会出现浮尘和扬沙天气，甚至强沙尘暴。恶劣的天气，是土地大面积的沙漠化所致。

攻克苦咸水

南疆有沉重的一面：干旱、盐碱，每年春夏之交不请自来遮天蔽日的沙尘，还有令棉苗枯萎、令杏花凋零的倒春寒，以及干热风、冰雹、洪水，等等。

恶劣的自然条件，使得南疆至今仍有为数不少的农村尚未解决温饱问题。

2012年，王文彪兴致勃勃地奔赴南疆。

他要尝试，将库布其的生态经济模式复制到南疆。在建设兵团领导的带领下，王文彪深入沙漠腹地进行了实地考察。

那一天，他突然感觉，好像回到了20多年前。这里很像从前的库布其：

中国精神 我们的故事

沙漠著绿
——王文彪治沙团队的故事

缺少植被，缺少公路、医疗、通信和教育。牧民收入很少。沙漠降雨一年只有几十毫米。一望无际的沙漠，不要说七八级风，只是三四级风，就会起沙尘暴。

多年的治沙经验，让王文彪成了一名货真价实的治沙专家。他相信：

南疆地区30多万平方公里的沙漠中，有三分之一为次生态沙漠，生态修复条件和基础要远比内蒙古的库布其沙漠好。只要着力把握生态、民生、经济的平衡点，按照库布其的防治实践经验，引进市场化和产业化机制，统筹推进生态修复和生态产业，南疆的大部分沙漠还是有可能变成良田沃土的。

听说王文彪要来治沙，南疆的一位专家连连摇头，断言："他不可能成功，这里的沙漠不可治理。首先水的问题就无法解决，这里的水又苦又咸，根本不适宜植物生长。"

王文彪听到后,淡淡一笑,给大家讲了一个故事:

弟子在孔子门前,有人要见孔子。弟子愿代师答。
"一年有几季?"
"四季。""三季。""四季!"
争论不休,最后请孔子评判,输者给赢者磕三头。
孔子听罢答:"三季。"
弟子不解,再问孔子。
孔子说:"他浑身泛青是一蚱蜢,春生秋死,怎知有冬?"
这个故事告诉我们:永远不必与"三季人"争是非。

王文彪带了些南疆的水回去,经过科学检测,发现如果不改善当地的水质,生态绿化终将是一场虚幻的梦。

有人劝阻他说:"不要在南疆浪费精力。不但赔了钱,还给人留下笑柄!"

"我们有的是技术和经验,为什么不敢尝试?"

沙漠著绿
——王文彪治沙团队的故事

王文彪的犟脾气上来了。

他从不信邪："我们走出库布其，仅仅是为了多赚一点钱吗？"

王文彪请来了世界各地的科学家，请他们深入南疆进行考察，反复研究。那段时间，他经常和科学家们吃住在一起，有工夫他也会走进实验室。

时间一天天、一月月过去。

最终，他们拿出了治理南疆苦咸水的解决方案。

王文彪带着他的治沙团队进驻南疆……

冬去春来，寸草不生的南疆，小草吐出了新芽，栽下的小树苗成活了。昔日被判"死刑"的沙漠，绿意盎然，充满生机。

之前断定治理不好南疆的那位专家，到这里再次来参观，几乎不相信他眼前的这一切。

他不得不折服，若有所思地说："原来，他是这么干的啊！"

"库布其模式"，成功在南疆落地生根、开花结果，让王文彪对治沙越来越有信心。

一个埋藏在他心中多年的梦想,正在逐渐变为现实。

构筑绿色长城

河北坝上风沙源是国家的重要生态屏障。

王文彪原以为,那里生态再怎么脆弱,也应该是一望无际的漫黄色的感觉,但到了坝上以后他很震惊:很多的树大面积死亡,老百姓生活非常贫困。

他说:"我从来不带钱。那个时候,当看到一位和我母亲年纪差不多的老太太,一个人住在小土坯房里,我不是作秀,我就向他们借钱,一个同事给了我一沓子,我也没数就要给老太太。那个县长拉着我的手说:'你少给点,不要把老人家给吓住了。'"

后来,王文彪忧心忡忡地和同行的人说:"生态的退化,会严重影响人们的生活和心态健康。"

王文彪走出库布其，把目光投向了祖国最需要他的地方。

科尔沁沙地位于内蒙古自治区东部，主要处在农牧交错带，曾是水草丰美的科尔沁大草原。由于清代以来的放垦开荒，加之气候干旱，逐渐演变为中国面积最大的沙地。科尔沁沙地对我国东北、华北特别是京津唐地区的生态安全，构成了严重威胁。

2012年5月11日上午，茫茫科尔沁沙地，人声鼎沸，株株绿树逐渐连绵成片。来自亿利库布其生态建设的工人、塔敏查干沙区的农牧民、库伦旗青年志愿者及社会环保人士一千余人，在这里共同启动"科尔沁沙地生态环境综合治理"项目。该项目的启动，标志着"库布其模式"成功推广到我国四大沙地之———科尔沁沙地。

2014年4月23日，受西伯利亚寒流的影响，新疆多地遭遇强沙尘暴的侵袭，白天瞬间变黑夜，场景真的很恐怖。就在风沙滚滚的当天，亿利新疆生态建设团队联合当地的大学生、社会环保人士，顶着狂风飞沙走进塔克拉玛干沙漠,开启了南疆生态修复建设工程。

几乎同时,亿利也正式进驻河北坝上……

"库布其模式"得到了广泛推广,在中华大地上构筑起一道道繁密的绿色长城。

治沙扶贫在路上

初春的北京虽然还有些许凉意,但枝头的绿意已依稀可见。故宫的红墙绿瓦清新如昨,金水河缓缓流淌……隔着闻名于世的长安街,天安门广场上游人如织。而在人民大会堂里,一场举世瞩目的盛会正在召开。

王文彪以政协全国委员会常务委员的身份参会。他在"围绕沙漠生态治理、促进精准扶贫"的汇报发言中指出:"沙漠治理既是生态工程,也是扶贫工程;既关乎经济社会发展,又关乎国家长治久安。"

多年来,王文彪通过发展生态产业,帮助10多万沙区群众走向富裕,助力家乡杭锦旗摘掉了贫困旗县的帽子。同时,他还在腾格里沙漠、塔克拉玛干沙漠等地大力建设

标准化种植基地,带动当地群众通过种植甘草脱贫……在治沙扶贫的道路上,他一直尽心尽力,默默前行。

转眼到了金秋十月,在这个瓜果飘香的季节,由国务院扶贫办组织召开的首届"全国脱贫攻坚奖"表彰大会,在北京隆重召开。

王文彪身披"全国脱贫攻坚奖"彩带,胸前挂着"奉献奖"奖章,站到领奖台上。这次大会,在全国一共评选出38名具有突出贡献的各界人士,旨在树立脱贫攻坚先进典型,动员社会各方面力量,积极参与到脱贫攻坚行动中。

当天晚上,王文彪走进中央电视台,参加《对话》栏目的节目录制。道图嘎查村的农牧民陈宁布老人不远千里赶到现场,拿出库布其沙漠盛产的甘草,以亲身经历向观众讲述王文彪带领家乡人走上致富路的故事。

28年的不懈努力,都镌刻在伟大祖国颁发的金灿灿的奖章上。

荣誉是对过往的肯定,勇于前行的人,永远不会沉湎和止步。王文彪表示:要以荣誉为新的起点,再接再厉,在脱贫攻坚这项国家行动中再立新功。

第二十章 为人类破题

发展沙漠生态经济,是国家之所需,也是人类之所需。

王文彪用近三十年的时间,找到了开启沙漠黄金宝库的钥匙。"库布其模式"是中国人的创新发明,但它应该属于全人类。

向希拉里·克林顿推销

随着全球环境的恶化,人们对环境保护问题越来越重视。治理库布其沙漠的成功经验,已经获得国际上的认可。2011年5月10日,王文彪应邀参加了第三轮中美战略与经济对话企业家圆桌午餐会。

当时,王文彪就坐在时任美国国务卿的希拉里·克林顿旁边。

希拉里·克林顿第一个发言,王文彪最后一个发言。

两人整整转了一圈。

王文彪当然不会错过这个机会,他借机和希拉里·克林顿聊起来:"在我国政府的支持下,亿利以沙漠产业化的方式,绿化的库布其沙漠面积,相当于8个新加坡的面积。"

希拉里·克林顿瞪大了双眼:"8个新加坡?"

王文彪点点头:"亿利不一定是全世界最富有的企业,但一定是全球创造绿色最多的企业。"

希拉里·克林顿由衷地竖起大拇指。

"亿利愿意将多年艰苦探索的产业化治沙模式,推广到有荒漠化问题的国家和地区。美国的干旱区面积约占国土面积的百分之三十,荒漠化面积约占国土的近六分之一。我们希望,美国的高技术企业能与中国企业一道研究和开发沙漠新能源、新材料等新型产业和防治荒漠化新技术,更加高效地解决全球荒漠化问题。"

希拉里·克林顿微笑着,连连说:"是个好主意。"

王文彪邀请希拉里·克林顿有机会造访库布其,两人先后握了四次手。

这个中国人给希拉里·克林顿留下了深刻印象。在后来谈到全球治理荒漠化问题时,她多次提到王文彪的名字和"库布其模式",称赞:"了不起的一个中国人,了不起的库布其!"

二十年后的邀请

王文彪的目光越过国界,投向更远的远方。

他抓住一切机会,希望更多的人了解库布其,了解他们治沙的成功经验。

1992年,联合国在巴西的里约召开了第一届环境与发展大会。会上,来自加拿大的12岁女孩珊文·铃木向大会提出了三个问题:

大人们,你们该如何填补臭氧层的破洞?

你们该如何让鲑鱼重回河川?

你们该如何让沙漠变成森林?

稚嫩的、充满童真的声音，久久回荡在会场，让所有在座的西装革履的成年人都不得不心怀愧疚，低头沉思。

时间飞逝，转眼20年过去了。

2012年，王文彪将当年珊文·铃木提出的第三个问题的答案，带到了联合国"里约+20"会议上。

亿利把素有"死亡之海"之称的中国第七大沙漠——库布其沙漠绿化了6000多平方公里。沙漠腹地出现了绵延上百公里的森林带，有长达240多公里的大漠锁边林带，在这些森林覆盖的地带出现了明显的生物多样性，部分沙漠已经出现了土壤的特性。生活在沙漠中十几万农牧民的收入，从过去每年的2000多元增长到了现在的30000多元……

亿利创造的库布其沙漠绿洲的事实，让与会者赞叹不已。在此次"里约+20"峰会上，王文彪郑重向32岁的珊文·铃木发出邀请："沙漠可以变成森林，现在是库布其沙漠最美的季节，希望你能到这里看一看。"

巴黎气候大会

在当今人类面临的诸多生态环境问题中，荒漠化可以说是最为棘手的难题之一。

目前，全球荒漠化面积已达到3600万平方公里，占整个地球陆地面积的四分之一，相当于俄罗斯、加拿大、中国和美国国土面积的总和。全世界受荒漠化影响的国家有100多个，约9亿人。而且，荒漠化在全球范围内仍在以每年5万~7万平方公里的速度扩大，相当于人类每年失去一个爱尔兰。

2015年12月1日，巴黎气候大会召开。

在热烈的掌声中，穿着西装、系着墨底白点领带的王文彪，神情严肃地走上演讲台。

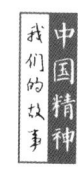

沙漠著绿
——王文彪治沙团队的故事

此时,一种强烈的民族责任感油然而生!

他不仅代表个人,代表亿利,更代表着中国,代表着中华民族。

他演讲的标题是《让世界重新认识沙漠》:

"我们在近三十年的实践中深刻体会到,防治荒漠化对气候变化的作用非常重大。有关机构的测算,每修复5亿公顷(1公顷=10000平方米)的退化土地,就能吸引全球化石源碳排放总量的三分之一……

"库布其生态经济模式的最大贡献,不仅在于创造了数以千亿计的生态财富,更重要的是,让人类重新认识沙漠和利用沙漠,为世界更多的沙漠绿洲带来了可能和希望。

"相信,库布其的治沙理念、生态经济模式,可以影响更多沙漠化地区的人民,走出一条'向沙要绿,向沙要地,向天要水,向光要电,变沙为宝'的可持续发展之路,必将加快应对气候变化的进程,必将加快人类生存空间的开拓,也必将让恶劣的生态、贫困和战乱永远地远离我们。"

在这次法国巴黎气候变化大会上,联合国权威机构认定:

经过近三十年改善沙漠生态、发展沙漠产业、消除沙区贫困、应对气候变化的执着努力,亿利创造了4600多亿元的生态财富、1000多亿元的企业资产,精准扶贫10多万人,解决约100万人次的就业,绿化了6000多平方公里的沙漠,拥有世界上最先进的治沙模式和技术,成为"通过荒漠化治理,应对和适应地域气候变化"的全球典范。

联合国防治荒漠化公约(UNCCD)秘书长莫妮卡·巴布考察完库布其后,称"全球难以找到库布其这样的奇迹"。

国际沙漠论坛

库布其国际沙漠论坛,是全球唯一致力于推动世界荒漠化防治和绿色经济发展的大型国际论坛。自2009年创办以来,已经连续成功举办了五届。它成为世界了解中国治沙和环境保护的一扇窗口,也成为中国治沙力量走向世界舞台的捷径。

库布其国际沙漠论坛,是王文彪精心搭建的一个世界级平台。无论是七星湖沙漠酒店还是沙漠国际会议中心,其中的配套建筑设施,凡是超过一平方米的,都要经过王文彪的审核。

满天繁星,银河浩瀚。许多贵宾都是平生第一次看到沙漠里这样的夜空,不禁产生对浩渺天地的敬畏,以及对生态保护、天人合一、和谐共生的深思……

2012年，联合国颁发首届"环境与发展奖"给王文彪，以肯定和鼓励他对全球环境保护和绿色发展做出的特殊贡献。2013年，在纳米比亚首都温得和克召开的《联合国防治荒漠化公约》第十一次缔约方大会上，王文彪荣获联合国颁发的首届"全球治沙领导者奖"，成为第一位获奖的中国人。2013年8月2日，在库布其的七星湖，一块高5米、宽1.5米的巨石被高高地竖立起来。苍黄的颜色与背后的沙漠一致，上面有几行简体汉字：全球荒漠化治理库布其行动启动纪念碑。

在2013年9月召开的第十一次联合国防治荒漠化大会上，与会代表通过决议，将库布其国际沙漠论坛作为实现防治荒漠化公约战略目标的重要手段和平台。

库布其国际沙漠论坛写入联合国决议，历时8年。这是自1971年中国重返联合国以来，在环境与发展方面，首次有中国的创新举措写入联合国决议。这也成为中国治理沙漠、发展沙漠经济的新起点。

主编简介

李炳银：陕西临潼人，1975年毕业于复旦大学中文系。现为中国报告文学学会常务副会长，中国作家协会研究员，全国报告文学理论研究会会长，《中国报告文学》主编。

作者简介

唐哲：笔名亦农，中国作家协会会员，职业作家。已获冰心儿童图书奖、首届"大白鲸世界杯"原创幻想儿童文学奖、第六届全球华语科幻星云奖最佳少儿图书奖。1986年开始发表作品，已出版少年探险系列、"金牌三人组"奇幻系列等40余部作品。《棋杀》《朗读的心》《狼变》等被收入多省市中小学语文教材，部分著作译至海外。

图书在版编目(CIP)数据

沙漠著绿:王文彪治沙团队的故事/唐哲著;李炳银主编.
— 2版. — 太原:希望出版社,2017.6(2021.12重印)
(中国精神·我们的故事)
ISBN 978-7-5379-7609-1

Ⅰ.①沙… Ⅱ.①唐…②李… Ⅲ.①报告文学—中国—当代 Ⅳ.①I25

中国版本图书馆CIP数据核字(2017)第105866号

李炳银/主编　　唐　哲/著

出 版 人:王　琦
项目策划:田俊萍
责任编辑:田俊萍　陈　艳
复　　审:张　平
终　　审:王　琦
美术编辑:韩开文
照片提供:亿利资源集团有限公司
装帧设计:山西天目文化传播有限公司
印刷监制:刘一新　李世信
出版发行:希望出版社
社　　址:山西省太原市建设南路21号
邮政编码:030012
经　　销:全国新华书店
印　　刷:山西人民印刷有限责任公司
开　　本:889mm×1194mm　1/32
印　　张:8.5
版　　次:2017年6月第2版
印　　次:2021年12月第4次印刷
书　　号:ISBN 978-7-5379-7609-1
定　　价:25.00元(平)
版权所有,侵权必究。